小天才学 Python

编 著 刘思成 刘 鹏 朱 慧

清华大学出版社

北 京

内 容 简 介

这是一本专门写给小学生和中学生学习的编程书。编程对于培养孩子的逻辑思维能力和动手能力至关重要，国家正在推动将编程纳入中小学教学和考评体系中。Python 语言既好玩，又好学，通过本书特殊的教学方式，让大家一看就会编程、就爱编程。本书不长篇大论地讲理论，而是通过由浅入深的案例引导，让大家学会 Python 编程，从画图、做数学，到做判断、做循环，甚至做大数据和人工智能。

本书适合小学二年级以上的小学生和中学生学习，如果家长和孩子一起学就更棒了。本书既适合作为中小学信息技术课程的教材之一，也适合作为中小学人工智能编程教育的基础教材。

本书封面贴有清华大学出版社防伪标签，无标签者不得销售。
版权所有，侵权必究。举报：010-62782989，beiqinquan@tup.tsinghua.edu.cn。

图书在版编目（CIP）数据

小天才学 Python / 刘思成，刘鹏，朱慧编著. —北京：清华大学出版社，（2024.5重印）
ISBN 978-7-302-52218-8

I.①小… II.①刘… ②刘… ③朱… III.①软件工具 – 程序设计 – 小学 – 教材 IV.① G624.581

中国版本图书馆 CIP 数据核字（2019）第 017261 号

责任编辑：贾小红
封面设计：魏润滋
版式设计：王凤杰
责任校对：马军令
责任印制：曹婉颖

出版发行：清华大学出版社
网　　址：https://www.tup.com.cn，https://www.wqxuetang.com
地　　址：北京清华大学学研大厦 A 座　　邮　编：100084
社 总 机：010-83470000　　邮　购：010-62786544
投稿与读者服务：010-62776969，c-service@tup.tsinghua.edu.cn
质 量 反 馈：010-62772015，zhiliang@tup.tsinghua.edu.cn

印 装 者：天津鑫丰华印务有限公司
经　　销：全国新华书店
开　　本：170mm×230mm　　印　张：6.5　　字　数：100 千字
版　　次：2019 年 2 月第 1 版　　印　次：2024 年 5 月第 11 次印刷
定　　价：36.00 元

产品编号：082059-01

前言

这是一本专门写给小学生和中学生的编程书。小学二年级以上的小朋友们可以学会编程了！

编程可以帮助小朋友们锻炼逻辑思维能力，培养科技能力，用酷酷的方式表达自我。编程将成为你最重要的技能之一，将给你带来很多快乐，带来更大的成就感，并使你成为一个更有能力的人。

数不清的科技精英，都是从小开始编程的，如微软公司创始人比尔·盖茨、苹果公司创始人乔布斯、AlphaGo创始人哈萨比斯、特斯拉公司创始人埃隆·马斯克等都是从小开始编程的。美国、加拿大、英国等国家，都要求学生从中小学开始学习编程。

2017年，教育部印发《义务教育小学科学课程标准》和《普通高中课程方案和语文等学科课程标准（2017年版）》，国务院印发了《新一代人工智能发展规划》。2018年，已经有省市率先将编程列入高考。很快，编程课程将全面进入中小学课堂。

你可能要问：那我能学会编程吗？能！一方面，我们要学的Python语言，之所以是当今最流行的编程语言之一，一个重要的原因就是它非常简单易学；另一方面，本书非常特别，用刘思成小朋友的理解方式来教，没有长篇大论的理论，一看就会，直接动手，层层递进。本书在写作过程中，部分内容已经由中小学编程教育名师朱慧老师组织在北京西城区10所小学开展了一学期的实验教学，取得了非常大的成功，同学们都很兴奋！

现在，让我们开始神奇的编程之旅吧！

刘鹏　教授
中国信息协会大数据分会副会长
中国大数据应用联盟人工智能专家委员会主任

当你学会编程,
你会开始思考世界上的所有过程。

——少儿编程之父　米切尔·雷斯尼克

目录

第 1 课　认识 Python ………………………………………… 1
　1. Python 是什么 ………………………………………… 1
　2. 安装 Python …………………………………………… 3
　3. 我的第一个 Python 程序 ……………………………… 4
　练习 1 ……………………………………………………… 8

第 2 课　海龟画图 …………………………………………… 9
　1. 我们来画一条线 ……………………………………… 9
　2. 画一个正方形 ………………………………………… 10
　3. 自动画出正方形 ……………………………………… 13
　练习 2 ……………………………………………………… 16

第 3 课　做数学 ……………………………………………… 17
　1. 数学运算 ……………………………………………… 17
　2. 字符串 ………………………………………………… 19
　3. 布尔运算 ……………………………………………… 20
　4. 帮你做作业 …………………………………………… 22
　练习 3 ……………………………………………………… 24

第 4 课　画彩图 ……………………………………………… 25
　1. 用不同颜色的笔 ……………………………………… 25
　2. 改变背景颜色 ………………………………………… 27
　3. 神奇的变量 …………………………………………… 28
　练习 4 ……………………………………………………… 31

第 5 课　做判断 ……………………………………………… 32
　1. 如果 …………………………………………………… 32
　2. 不然 …………………………………………………… 34
　3. 组合判断 ……………………………………………… 35

4. 猜数字 ································· 37
  练习 5 ···································· 38

 第 6 课 循环往复 ······················· **39**
  1. 打印九九乘法表 ························ 39
  2. 寻找素数 ······························ 41
  3. 学生成绩单 ···························· 42
  练习 6 ···································· 44

 第 7 课 电报 ····························· **45**
  1. 发电报 ································· 45
  2. 收电报 ································· 47
  3. 收发电报 ······························ 48
  练习 7 ···································· 50

 第 8 课 画笔 ····························· **54**
  1. 用点绘画 ······························ 54
  2. 连笔画 ································· 57
  练习 8 ···································· 58

 第 9 课 调色板 ·························· **59**
  1. 做调色板 ······························ 59
  2. 保护调色板 ···························· 63
  练习 9 ···································· 65

 第 10 课 弹球 ···························· **66**
  1. 移动球 ································· 66
  2. 加音效 ································· 68
  3. 弹回球 ································· 69
  练习 10 ·································· 71

 第 11 课 缤纷色彩 ······················ **72**
  1. 现代艺术 ······························ 72
  2. 色彩斑斓 ······························ 74

练习 11 ·············· 77

第 12 课　大数据 ·············· **78**
　1. 获取大数据 ·············· 78
　2. 分析大数据 ·············· 80
　3. 看见大数据 ·············· 84
　练习 12 ·············· 87

第 13 课　人工智能 ·············· **88**
　1. 我能看见你 ·············· 88
　2. 我能认识你 ·············· 90
　3. 咱们聊聊天 ·············· 93
　练习 13 ·············· 94

第1课 认识 Python

Python 这个词怪怪的,它到底是什么呢?其实,它的最大特点就是学起来特别容易。你马上就可以在计算机上把它安装好,并且立即就会用。

1. Python 是什么

Python 的意思是大蟒蛇。为什么叫大蟒蛇呢?在 20 世纪 80 年代,有一部著名电视剧叫 Monty Python's Flying Circus(巨蟒剧团之飞翔的马戏团),而 Python 的创始人为 Guido van Rossum,他非常喜欢这部电视剧。1989 年圣诞节期间,Guido 为了打发圣诞节的无趣,决心开发一门新的计算机编程语言,所以就用 Python 作为这门新语言的名字。

那么,什么是计算机编程语言呢?它是告诉计算机该怎么做的一系列语句。就像指挥员指挥队伍行进的一系列口令:"稍息、立正、齐步走……"那么,你可能要问:"既然这样,那为什么不直接跟计算机说就行了呢?"其实,计算机能看懂的语言和人的语言是不一样的。它看的都是下面这样的东西:

```
if age<12:
    print(" 你可以购买儿童票。")
else:
    print(" 你需要购买全价票。")
```

Python语言的功能非常强大，其他语言能做到的事情，它几乎都能做到。Python甚至能够把各种语言做成的库粘在一起，以发挥更大的作用,所以还被称为"胶水语言"。它学起来比大多数语言要容易得多，所以大家都听过这样的说法："人生苦短，我用Python"。意思是人的一生太短，不想把时间花在学习其他语言上，所以首选Python。

Python很好玩，它可以用来做漂亮的图形，如图1-1所示。

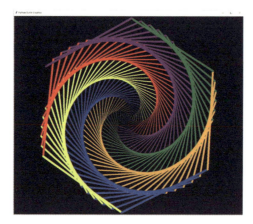

图1-1 能用Python绘出很漂亮的图案

甚至可以开发你自己的游戏！如图1-2所示。

图1-2 能用Python做出很好玩的游戏

（承蒙嗷大喵快跑游戏作者博客园马三小伙儿授权使用图片）

第1课 认识 Python

2. 安装 Python

怎么把 Python 安装到我的计算机上呢？

首先，我们把 Python 软件下载到自己的计算机上。在计算机浏览器里输入下载地址：http://www.cstor.cn/Python/PythonStudy.rar 并按 Enter 键，下载 PythonStudy.rar 这个文件到计算机保存起来并解压缩，生成 PythonStudy 目录。以后所有编写的 Python 程序文件请保存到这个目录中。

然后，请双击 PythonStudy 目录下"Python 安装包"子目录下的 Python-3.6.4-amd64.exe 文件，这时会出现如图 1-3 所示的界面。

图 1-3　安装 Python 出现的画面

在这个界面中，需要选中图 1-3 下方的 Add Python 3.6 to PATH 复选框，然后选择中间的 Install Now 选项，这时就开始安装。

等 Python 软件装好之后，再安装本书所需要用到的其他软件包。请双击 PythonStudy 目录下"Python 安装包"子目录下的 install.bat 文件，系统会自动安装好本书会用到的所有依赖包。

3. 我的第一个 Python 程序

现在我们可以来试试写自己的程序了！

单击屏幕左下角的 Windows 标志，选择"所有程序"菜单的 Python 3.6 中的第一项 IDLE (Python 3.6 64-bit)，如图 1-4 所示。

图 1-4 启动 IDLE

IDLE 是 Python 自带的程序编辑器，打开之后出现如图 1-5 所示的界面。

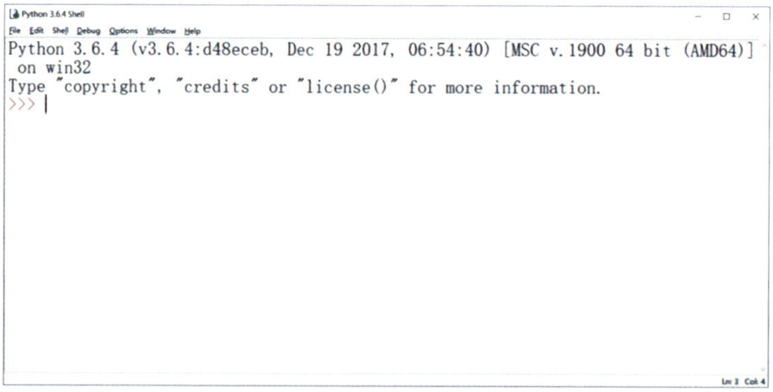

图 1-5 IDLE Shell 界面

这个界面叫 Shell。Shell 是外壳的意思，指给用户的操作界面。

然后选择 File 菜单，在下拉菜单中选择第一项 New File 命令，出现如图 1-6 所示的界面。

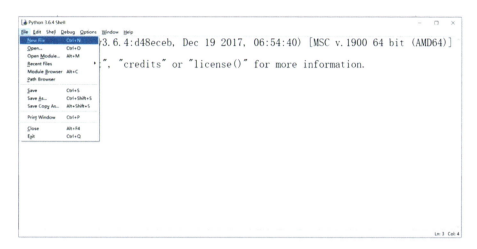

图 1-6　在 IDLE 中新建 Python 程序文件

然后输入如图 1-7 所示的代码。

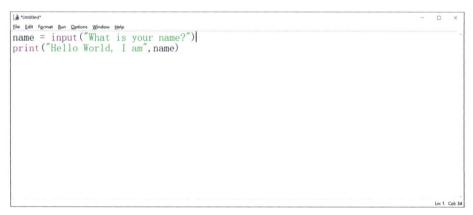

图 1-7　输入 Python 程序代码

第一行代码的意思是显示：What is your name?，然后把你输入的单词保存到 name 中。

第二行代码的意思是显示：Hello World, I am，然后显示你刚才输入的 name 内容。

写完之后选择"File（文件）"菜单的"Save（保存）"命令，如图 1-8 所示。

图 1-8　保存 Python 代码

取个文件名为 Hello，然后单击"Save（保存）"按钮，如图 1-9 所示。

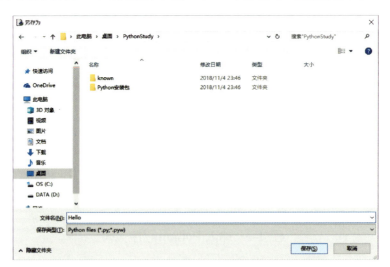

图 1-9　确定 Python 代码保存的位置和名称

这时，你写的程序已经安全地保存在计算机里了。下次你可以用

第1课 认识Python

Hello这个名字找到它。然后如图1-10所示，单击"Run（运行）"菜单下面的Run Module F5命令，这里面的F5表示你可以直接按键盘上的F5键来运行程序，这种方式叫作快捷键，是用来帮助你快速操作的。

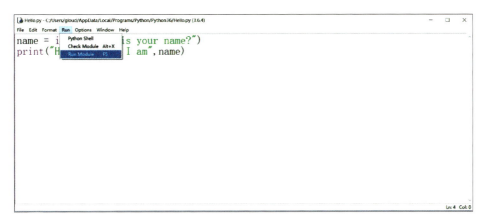

图1-10 运行Python代码

这时，程序就开始运行了，界面如图1-11所示。

图1-11 Python代码的运行界面

输入你的名字，例如Steven，计算机会显示：Hello World,I am Steven，如图1-12所示。

图 1-12 输入文字并显示结果

祝贺你！你已经成功地编写了自己的第一个程序！

编写一个程序，让计算机首先提示你输入第一个人的名字并用 name1 来表示：

What is your name ?

然后，让计算机提示你输入你一位朋友的名字并用 name2 来表示：

What is your friend's name?

最后，让计算机输出以下的一句话：

name1 and name2 are friends!

这里的 name1 和 name2 要用你输入的两个名字代替。

第 2 课　海龟画图

屏幕中间有一只看不见的海龟,你指挥它移动,它就会留下一道痕迹。

1. 我们来画一条线

请先按照第 1 课第 3 节的方法,打开 IDLE 编辑器,输入下面这段代码。

```
import turtle
t = turtle.Pen()
t.forward(90)
```

小朋友们,一定要注意 Pen() 的 P 是大写的哦!

并用 Line 作为名字把这段程序保存起来。运行它,你会看到如图 2-1 所示的效果。

图 2-1　画一条线

为什么会这样呢？我们来看看这三行程序。

import turtle

表示要使用海龟来帮你画图。海龟是一个专门帮你画图的程序，它是一只想象的小海龟，图上的箭头就表示这只小海龟的位置和方向。

t = turtle.Pen()

这句话表示让小海龟拿上笔。一旦拿上笔之后，就会出现箭头，如图 2-2 所示。

图 2-2　让小海龟拿上画笔

小海龟默认是出现在屏幕中央，箭头方向是向右的。

t.forward(90)

这行代码是让小海龟向前走 90 个像素。像素是屏幕上的一个小点，屏幕上的画面是由许多小点构成的，每个小点就是一个像素。所以就出现了一条向右的直线。

2. 画一个正方形

下面，我们要考一考小朋友们，如果我们想画如图 2-3 所示的正方形，该怎么办？

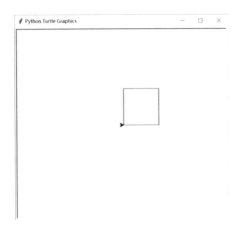

图 2-3　画一个正方形

相信大家都想到了，我们需要让海龟学会转弯。

t.left(90)

可以让海龟左转 90 度。我们用下面这个代码就可以把这个正方形画出来。

import turtle
t=turtle.Pen()
t.forward(90)
t.left(90)
t.forward(90)
t.left(90)
t.forward(90)
t.left(90)
t.forward(90)
t.left(90)

我们可以为这个代码取个名字叫 Square 并保存起来。

这个代码好多行呀！其实很多代码都是重复的。我们可以在编辑器里先用鼠标选中要复制的代码（从要选中的开始位置按下鼠标左键，拖到结束的位置松开鼠标即可），如图 2-4 所示。

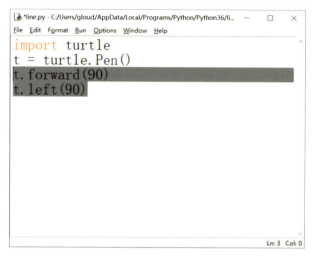

图 2-4　选中两行代码

然后用鼠标选择"Edit（编辑）"菜单中"Copy（复制）"命令，即可把选中的代码复制到剪贴板上（剪贴板是一个暂时储存数据的地方），如图 2-5 所示。

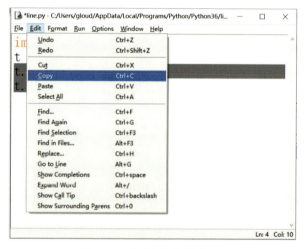

图 2-5　复制选中的代码

这时把鼠标移到需要粘贴的位置，按一下左键，你可以看到一条竖线一闪一闪的，这是光标，这表明 IDLE 编辑器处于可以输入的状态。

这时，选择"Edit（编辑）"菜单的"Paste（粘贴）"命令，如图2-6所示。这样，你刚才复制的那两行代码就会出现在刚才光标的位置。我们连着用三次粘贴命令，就可以把上面的代码都复制出来了。棒不棒？

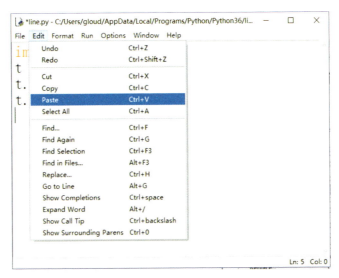

图2-6　粘贴所复制的代码

现在细心的同学肯定会注意到："Copy（复制）"命令后面的Ctrl+C是不是快捷键呀？是的，你如果按住键盘左下角的Ctrl键不放，然后再按一下C键，这样就表示按了Ctrl+C快捷键，就能起到与选择Copy命令一样的作用，是不是很方便呀？

Paste命令也是一样的，Ctrl+V是它的快捷键。你只要连按三次Ctrl+V，就会发现刚才复制到剪贴板的内容被粘贴了三次。

3. 自动画出正方形

刚才我们学习了复制、粘贴，觉得是挺方便的。其实，我们还有更方便的，我们可以让程序自动画这个正方形！

输入左边这样的代码，也可以得到同样的正方形，如图2-7所示。

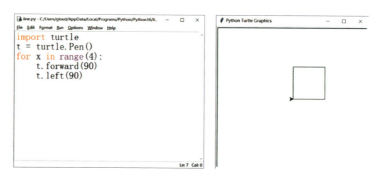

图 2-7 自动画正方形

为什么会这样呢？大家肯定注意到了这样一句话：

for x in range(4):

这是一个循环语句（loop）。我们用循环语句来表示需要重复做的事情。x 是变量，就是一个会不断变化的值；range 是范围的意思，表示变量变化的范围；4 表示循环 4 次，第一次 x 的值是 0，第二次是 1，第三次是 2，第四次是 3。为什么是从 0 开始的，而不是从 1 开始的呢？这是计算机的习惯，都喜欢从 0 开始。就像在英国，我们的一楼他们叫 Ground（地面），我们的二楼他们叫 First Floor（一楼），以此类推。

在循环中语句需要缩进。在输入时需要先按一下 Tab（制表）键。

t.forward(90)

t.left(90)

这表示上面这两行是属于循环的内容。它们会被重复执行 4 次，因此画出了整个正方形。

循环很有用吧？是的，很有用！如果我们想计算从 1~100 的总和，就可以用循环来解决。

sum = 0
for x in range(1, 101):
    sum += x
print(sum)

其中，range(1,101)表示x是从1开始，到100结束，循环共重复100次。sum += x 相当于 sum = sum + x，每次循环都在 sum 的基础上加上 x。最后的结果大家肯定都知道了，是5050。

如果要计算从1~1000的总和，只要用range(1,1001)即可，结果是500500，厉害吧？如果哪天老师让你从1加到10000，只要用range(1,10001)即可。

现在我们来画一个如图2-8所示的那样复杂的图。

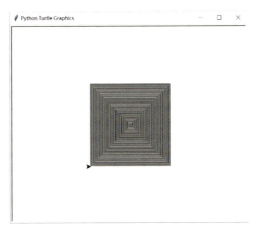

图2-8　画复杂的方框图

这是怎么画出来的呢？

其实代码很简单，如图2-9所示。

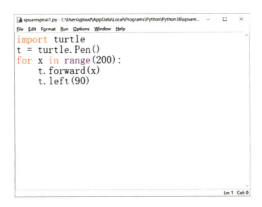

图2-9　复杂方框图所对应的代码

大家读懂了吧？这一个重复 200 次的循环，x 范围为 0~199。每次往前走 x 个像素，然后左转 90 度，随着 x 的增加，线会越来越长。

（1）请输入下面的代码，看看是什么效果，想想为什么？

import turtle
t = turtle.Pen()
for x in range(200):
　　t.circle(x)
　　t.left(90)

如果把 t.left(90) 中的 90 改成其他角度，会是什么样的？

（2）编写程序，画出如图 2-10 所示的图形。

图 2-10　画复杂的圆形图

第 3 课　做数学

计算机最擅长的就是做数学运算了。你不会做的，都可以交给它帮你做。

1. 数学运算

现在来学习怎么用 Python 来进行数学运算。

就像我们学习的一样，Python 里也有整数和小数。像 1、3、1000、–99 等这样的数是整数，像 1.33、2.5、1000.1、–99.9 等这样的数是小数，小数在计算机里叫浮点数。

在数学中的加（+）、减（–）、乘（×）、除（÷），在 Python 中叫作运算符。那么你会问，键盘上没有"×""÷"这样的符号怎么办？在 Python 中用"*"表示"×"、用"/"表示"÷"、用"**"表示求幂。运算符号的优先级同样是先乘除，再加减，括号内的先运算，概括如表 3-1 所示。

表 3-1　Python 中的数学运算符

运算	数学表示	Python 运算符	例子
加法	+	+	3+2=5
减法	–	–	3-2=1
乘法	×	*	3*2=6

续表

运算	数学表示	Python 运算符	例子
除法	÷	/	3/2=1.5
求幂	a^n	a**n	3**2=9
括号	()	()	(3+2)*4=20
整除	a 除以 b 的商	//	7//2=3
模除	a 除以 b 的余数	%	7%2=1

现在请打开 IDLE，在 Shell 界面中把上面的例子输进去看一看（不要输入 "=" 号，输入左边的式子后直接按 Enter 键），如图 3-1 所示。

图 3-1 直接在 IDLE Shell 中进行数学运算

在 Shell 界面中还可以使用像 x、y、age 等这样的名字作为变量，代表具体的数值，如图 3-2 所示。

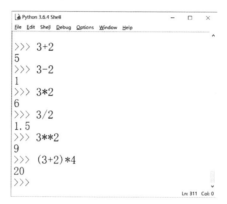

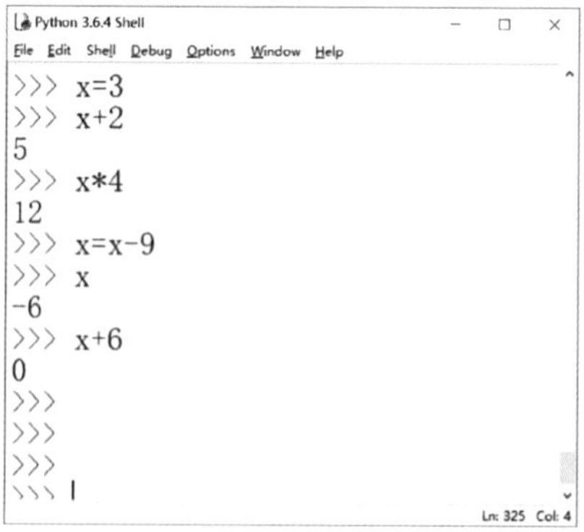

图 3-2 在 Shell 界面中带变量运算

变量只要不被赋值的话，就会始终保持原来的值，请仔细观察上图中的运算结果。

2.字符串

Python中除了数字之外，还有一种叫作字符串（String）这样的东西。顾名思义，字符串是一串字符，可以是任意字母、数字和符号的组合。例如 "abcdefg"、"123456789"、"A123+-×÷efg"、"刘思成正在写这本书"、"#!%@$%^$&*"、":-)"等。字符串不能直接进行加减乘除的运算，它只代表一串文字。我们在表示字符串的时候要加引号。注意：计算机里的引号使用的是半角的双引号（""）或者单引号（''），不是中文的全角双引号（""）或者单引号（''）。

现在我们来玩一下字符串，如图3-3所示。

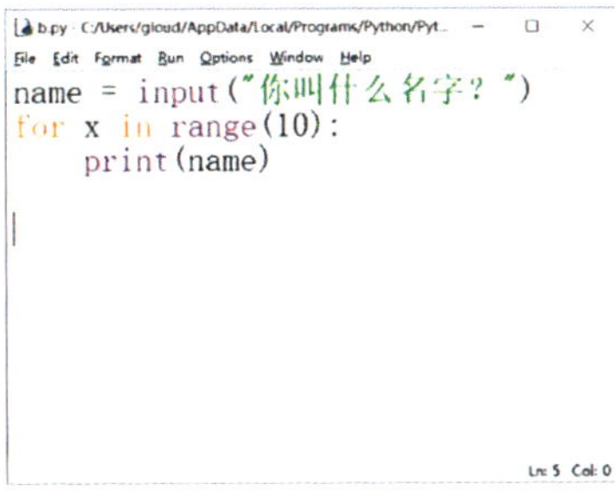

图3-3 输入并打印字符串

你的名字会被写10遍，如图3-4所示。

图3-4 显示结果

如果你不希望每写一遍就换行，就将代码 print（name）改成用下面的代码来打印。

print(name, end=' ')

这表示每写一次，结束符是"' '"而不是换行，出来的结果如图 3-5 所示。

图 3-5　不换行的显示结果

3. 布尔运算

计算机里还有一种数，叫作布尔值（Boolean），它只有两种状态：True（真）或者 False（假）。用比较运算符比较两个值，得到的结果就是一个布尔值。如表 3-2 所示，列出了在 Python 中的比较运算符。

表 3-2　在 Python 中的布尔运算符

运算	数学表示	Python 运算符
等于	=	==
不等于	≠	!=
小于	<	<
大于	>	>
小于等于	≤	<=
大于等于	≥	>=

如图 3-6 所示是运算举例。

```
>>> 25==10+15
True
>>> 35==25+7
False
>>> 35>=35
True
>>> 35>35
False
>>> 35 != 27
True
>>> 'hello' == 'hello'
True
>>> "hello" == "hello"
True
>>> 25=='25'
False
>>> 'dog'=='cat'
False
```

图 3-6　在 Shell 中直接进行布尔运算

从上面可以看出，数值或者字符串之间可以进行比较运算。那么，两个布尔值之间可以做运算吗？当然可以。

两个布尔值之间有三种运算符：and、or 和 not，如表 3-3 所示。

表 3-3　Python 中的布尔组合运算

运算	表示方法	读法	含义
and	a and b	a 与 b	a 和 b 都为真时为真，否则为假
or	a or b	a 或 b	a 和 b 有一个为真时就为真，否则为假（a 和 b 都为假时为假）
not	not a	非 a	a 为真则结果为假，a 为假则结果为真

如图 3-7 所示是运算举例。

```
>>> True and True
True
>>> True and False
False
>>> False and False
False
>>> True or False
True
>>> False or False
False
>>> not True
False
>>> not not not not False
False
>>> (4 < 5) and (7<8)
True
>>>
```

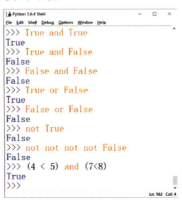

图 3-7　在 Shell 中直接运行布尔组合运算

4. 帮你做作业

Python 能不能帮我们做数学作业呀？可以呀！

Python 有一个函数叫 eval()，能够计算数学运算字符串所对应的值，请输入以下代码。

```
for x in range(10):
    question=input("请输入一个题目：")
    print(question," 的答案是： ",eval(question))
```

运行结果如图 3-8 所示。

图 3-8　运行结果

这个代码会循环 10 次，如果你想提前退出，可以按 Ctrl+C 快捷键（先按住 Ctrl 键不放，再按一下 C 键）。

还有一个好办法，就是用 while 语句来构造循环，如图 3-9 所示。

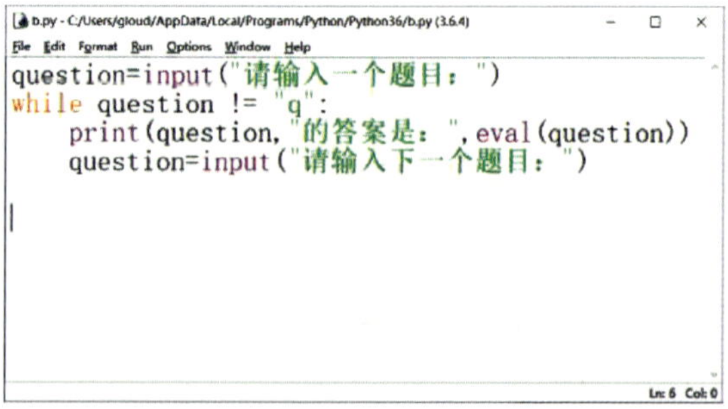

图 3-9　使用 while 语句构造循环

结果如图 3-10 所示。

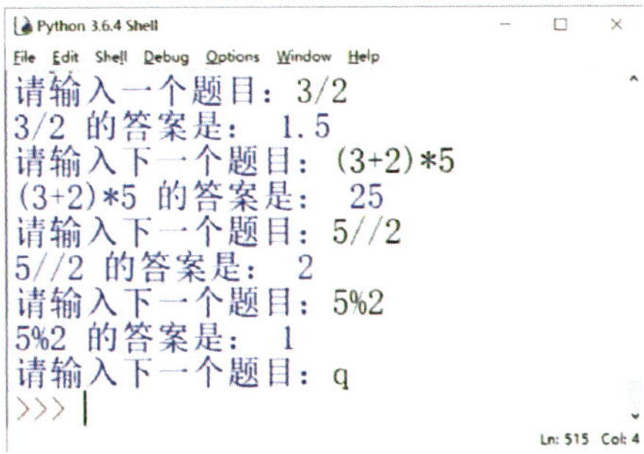

```
请输入一个题目：3/2
3/2 的答案是： 1.5
请输入下一个题目：(3+2)*5
(3+2)*5 的答案是： 25
请输入下一个题目：5//2
5//2 的答案是： 2
请输入下一个题目：5%2
5%2 的答案是： 1
请输入下一个题目：q
>>> |
```

图 3-10　运行结果

与 for 执行指定次数的循环不同，while 循环是一种不限次数的循环，又称无限循环，它的表示方式是：

```
while < 条件 >:
    < 语句块 >
```

只要 < 条件 > 为 True，while 就会一直循环下去。直到 < 条件 > 为 False 才停止进入语句块。在上例中，如果输入的不是题目，而是 "q" 这个字符串，则循环就会终止。

下面我们来做个点餐程序，如图 3-11 所示。

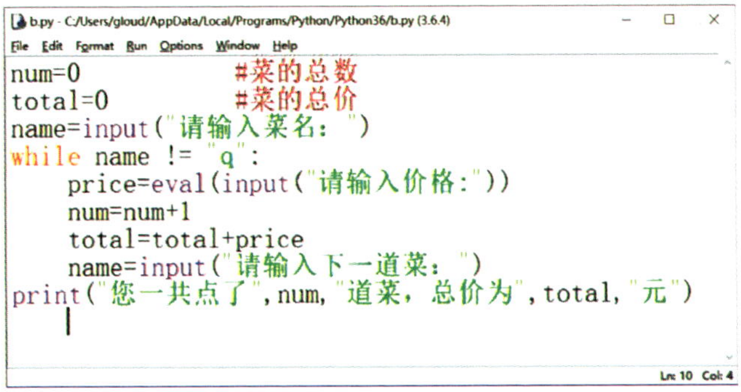

```python
num=0               #菜的总数
total=0             #菜的总价
name=input("请输入菜名：")
while name != "q":
    price=eval(input("请输入价格:"))
    num=num+1
    total=total+price
    name=input("请输入下一道菜：")
print("您一共点了",num,"道菜，总价为",total,"元")
```

图 3-11　点餐程序

运行的结果如图 3-12 所示。

图 3-12　运行结果

（1）在 Shell 界面算一算：

8*72　55-3+7　(848+256)/1024　25//2　25%2　(33-8)*(22+8)

1024/256 >= 35/7　1024%255　 (87*3+25)>105 and 98<25*5

（2）在第 3 课第 4 节的点餐程序里，增加打折功能，最后要求输入折扣（用 0.8 表示 8 折，用 0.75 表示 75 折），并计算打折后的总价。

第 4 课 画彩图

海龟也有彩色笔,还可以更换画布的颜色!

1. 用不同颜色的笔

有人会问小海龟为什么没有彩色笔?
其实小海龟有世界上最全的彩色笔,什么颜色都有。
打开 IDLE 编辑器,输入下面这段代码:

```
import turtle
t = turtle.Pen()
colors =["red","yellow","blue","green"]
for x in range(200):
    t.pencolor(colors[x%4])
    t.forward(x)
    t.left(90)
```

这样我们就能看到如图 4-1 所示的效果。
我们来看看为什么这几行代码就能出现这么漂亮的图案?

colors = ["red","yellow","blue","green"]

这一行代码定义名字叫 colors 的列表,列表里有 4 种颜色。如果要获得其中第一种颜色的名称,就用 colors[0] 来表示,也就是 "red";第 2 种就用 colors[1] 表示,也就是 "yellow";以此类推。前面我们解释过计算机里数数喜欢从 0 开始,还记得吗?

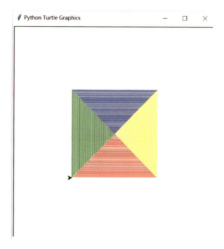

图 4-1　彩色的复杂方框图案

现在我们来看看下面这个循环。

```
for x in range(200):
    t.pencolor(colors[x%4])
    t.forward(x)
    t.left(90)
```

我们前面学过循环语句,这个循环一共会执行 200 次。每次执行 x 会从 0~199 不断增加,海龟会前进 x 步,然后左转 90 度,与上一课很类似。但是,为什么这一次就这么好看呢?因为它是彩色的!

t.pencolor(colors[x%4]) 用来设置画笔的颜色。x%4 中的 % 在计算机语言中叫取模运算符,简称模,表示除法运算的余数。比如说,7 除以 4 的商是 1,余数是 3,所以 7%4=3。类似地,2%4=2,8%4=0,…,因此,colors[x%4] 就会随着 x 从 0~199 的变化,而依次取 colors[0],colors[1],colors[2],colors[3],colors[0],colors[1],colors[2],…,因而画笔的颜色也不断地重复着 "red","yellow","blue","green","red","yellow","blue",…

2. 改变背景颜色

我们有没有觉得上图中的黄色是不是很难看清楚啊？那是因为白色的背景和黄色的前景都是浅色的，所以不容易看清楚。只要让背景颜色变深，就让黄色更容易看到了。

要让背景颜色变成黑色，只要加一句 turtle.bgcolor("black") 即可，程序如下。

```
import turtle
t = turtle.Pen()
colors = ["red","yellow","blue","green"]
turtle.bgcolor("black")
for x in range(200):
    t.pencolor(colors[x%4])
    t.forward(x)
    t.left(90)
```

运行结果如图 4-2 所示，这样就好多了吧！

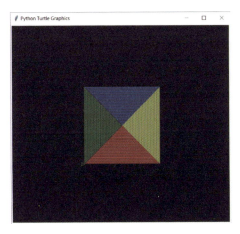

图 4-2　改变背景颜色

还有更炫的呢：如果把更换背景颜色的代码放进循环里面，每次循环都用下一种颜色作为背景，看看是什么效果？

```
import turtle
t = turtle.Pen()
colors = ["red","yellow","blue","green"]
for x in range(200):
    t.pencolor(colors[x%4])
    turtle.bgcolor(colors[(x+1)%4])
    t.forward(x)
    t.left(90)
```

好晃眼睛呀！！！哈哈，上当了吧？！

3. 神奇的变量

输入下面这段代码：

```
import turtle
t = turtle.Pen()
turtle.bgcolor("black")
sides=2
colors=["red","yellow","blue","orange","green","purple"]
for x in range(270):
    t.pencolor(colors[x%sides])
    t.forward(x*2)
    t.left(360/sides+1)
    t.width(x*sides/150)
```

居然出现如图 4-3 所示的图案！是不是很美？

为什么会这样呢？这段程序里有一个变量 sides，它的值设置成了 2。t.pencolor(colors[x%sides]) 每循环一次，就会在 colors[0] 和 colors[1] 中切换一下，也就是说，会交替出现红色和黄色。

t.forward(x*2) 表示会画一条线，每次循环画线的长度依次从 0 逐步增大到 269*2。

t.left(360/sides+1) 中的 "/" 是除法符号。表示每次循环小海龟会把笔的方向向左转 360/2+1 度,也就是 181 度。相当于倒转了方向,但错开了 1 度。

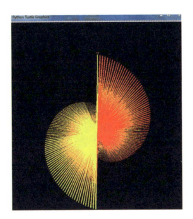

图 4-3　sides 为 2 时的图案

t.width(x∗sides/150) 表示每次循环画线的宽度都会变成 x∗2/150,即 x/75,当 x=269 时线宽最大,达到 3.6。

因此,上面的程序就相当于在来回画线,每画一次,颜色切换一下,线变长,反一下方向,并略微错开,而且线的宽度也略微增加。这么简单的画线循环,居然就形成了弧形图案,是不是很神奇呀?

还有更神奇的呢!如果你把上面程序中 sides=2 改成 sides=3,图案将变成如图 4-4 所示的样子。

图 4-4　sides 为 3 时的图案

请小朋友们自己分析一下为什么会变成这样。

还有呢,如果把 sides 的值改成 4,图案会变成如图 4-5 所示的样子。

图 4-5　sides 为 4 时的图案

sides 改成 5,图案会变成如图 4-6 所示的样子。

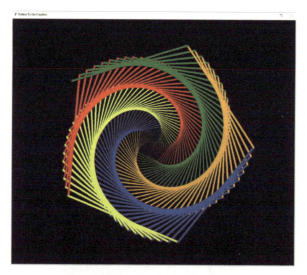

图 4-6　sides 为 5 时的图案

sides 改成 6,图案会变成如图 4-7 所示的样子。

图 4-7 sides 为 6 时的图案

变量很神奇吧？！

在下面程序中，把 sides 改成 7、8、9，看看会出现什么效果？ 注意：在这里的 colors 中定义的颜色比前面的多，是为了避免 color[x%sides] 出现错误。

```
import turtle
t=turtle.Pen()
turtle.bgcolor("black")
sides=9
colors=["red","yellow","blue","skyblue","orange","green","purple","pink","white"]
for x in range(270):
    t.pencolor(colors[x%sides])
    t.forward(x*2)
    t.left(360/sides+1)
    t.width(x*sides/150)
```

第 5 课 做判断

我们经常需要做出选择，计算机也不例外。

1. 如果

在第 3 课中，我们学习了用 eval() 做数学题。例如，计算输入的两个数相除的结果，程序如下。

a = eval(input("a="))
b = eval(input("b="))
print("a/b=",a/b)

eval() 的作用是计算输入的字符串所对应的数值。
这个程序执行结果如图 5-1 所示。

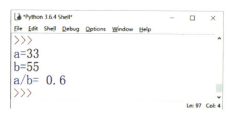

图 5-1 运行结果

我们大家都知道，除数不能为 0，否则会出错，如图 5-2 所示。

第 5 课　做判断

图 5-2　除数为 0 时出错

上面的红字就是报错信息。division by zero 的意思就是"被零除"。

这可怎么办呢？我们可以加一个检测，在用户输入除数时，首先判断是不是 0，如果是 0 的话，就提醒用户，程序如下。

a = eval(input("a="))

b = eval(input("b="))

if b==0:

　　print(" 出错啦！ b 不能为零！ ")

if b!=0:

　　print("a/b=",a/b)

这样，这个程序就正常啦！输出结果如图 5-3 所示。

图 5-3　判断除数是否为 0

这个 if 语句就叫条件语句，它的写法如下。

　　if < 条件 >:

　　　　条件为真时做的事

这个条件通常是一个布尔表达式，当表达式的结果为真时，就执行 if 语句下面缩进的语句。注意：满足 if 条件要执行的每一句都要向右缩进一个 Tab（制表）键。

2. 不然

上面的程序也可以这样写：

```
a = eval(input("a="))
b = eval(input("b="))
if b==0:
    print(" 出错啦！ b 不能为零！ ")
else:
    print("a/b=",a/b)
```

大家找一找，看看有什么不同啊？

大家一定发现了,这里用 else 代替了 if b!=0。else 的意思是"不然"。在这个例子里只有两种情况，b 要么等于 0，要么不等于 0。if b==0 是判断 b 是否等于 0,如果等于 0,就执行 print(" 出错啦！ b 不能为零！ ")，否则就执行 print("a/b=",a/b)。

if...else...的用法是这样的：

```
if < 条件 >:
    条件为真时做的事
else:
    其他情况做的事
```

大家一定还记得本书开头的例子吧？我们在前面补充了两行代码：

```
print(" 欢迎你购买机票！ ")
age=eval(input(" 请告诉我你的年龄： "))
if age<12:
    print(" 你可以购买儿童票。")
else:
    print(" 你需要购买全价票。")
```

运行结果如图 5-4 所示。

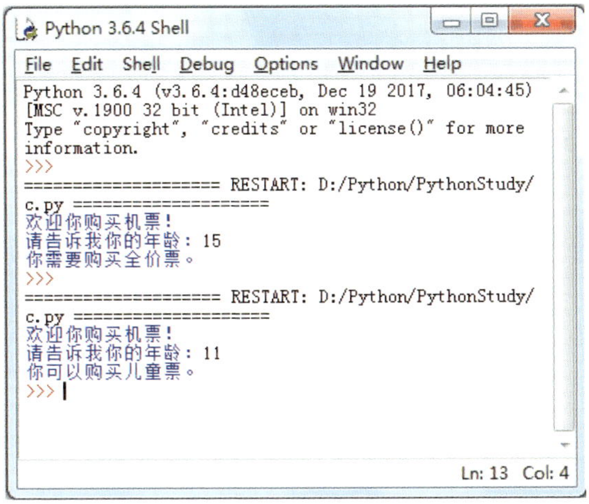

图 5-4 购买机票程序运行结果

是不是觉得 else 很有用？！

3. 组合判断

我们再举个复杂一点的例子，如下所示。

```
import turtle
t = turtle.Pen()
choice=input(" 请选择：1. 三角形 2. 圆形 3. 正方形：")
if choice=='1':
    for x in range(3):
        t.forward(90)
        t.left(120)
else:
    if choice=='2':
        t.circle(90)
    else:
        if choice=='3':
            for x in range(4):
                t.forward(90)
```

```
            t.left(90)
    else:
        print(" 出错啦！只能输入 1~3。")
```

这个程序先请你输入 1~3 进行选择。如果输入 1，则画一个三角形；如果输入 2，则画一个圆形；如果输入 3，则画一个正方形。大家可以自己试一试。

上面这个程序是不是写得有点复杂，其实还有更简单的写法，程序如下。

```
import turtle
t = turtle.Pen()
choice=input(" 请选择：1. 三角形 2. 圆形 3. 正方形：")
if choice=='1':
    for x in range(3):
        t.forward(90)
        t.left(120)
elif choice=='2':
    t.circle(90)
elif choice=='3':
    for x in range(4):
        t.forward(90)
        t.left(90)
else:
    print(" 出错啦！只能输入 1~3。")
```

大家看看是否和前面的效果一样。

elif 是 else if 的结合，一般这样写：

```
if < 条件 1>:
    当条件 1 为真时执行的语句
elif < 条件 2>:
    当条件 2 为真时执行的语句
```

elif <条件 3>:

  当条件 3 为真时执行的语句

…

else:

  所有条件都不成立时执行的语句

4. 猜数字

现在来玩个猜数字游戏：首先计算机随机选一个 1~100 的数，然后小朋友来猜这个数到底是什么？

要想产生一个随机数，需要在程序前面写这句话：import random，这表示要调用随机数模块。然后在程序里用 random.randint(1,100) 表示产生一个 1~100 的随机数。我们用 input(" 请猜：") 来获取你的输入，但是取得的是字符串，还需要用 int() 把它转换成整数。

完整的程序如下所示，请注意其中 if、elif 和 else 的用法。

```
import random
my_number=random.randint(1,100)
print(" 猜一猜我想的这个数字是多少（1~100）")
finish=False
count=0
while finish==False:
    count+=1
    guess=int(input(" 请猜："))
    if guess==my_number:
        print(" 祝贺你！你猜中了！ ")
        finish=True
    elif guess>my_number:
        print(" 你猜的太大了！ ")
    else:
        print(" 你猜的太小了！ ")
print(" 你一共猜了 ",count," 次。")
```

猜谜过程如图 5-5 所示。

```
猜一猜我想的这个数字是多少（1～100）
请猜：50
你猜的太小了！
请猜：75
你猜的太大了！
请猜：62
你猜的太大了！
请猜：56
你猜的太小了！
请猜：59
你猜的太小了！
请猜：60
你猜的太小了！
请猜：61
祝贺你！你猜中了！
你一共猜了 7 次。
>>>
```

图 5-5 猜数字游戏运行结果

小朋友们可以比一比，看谁猜的次数少，谁的少谁就赢！

（1）在上面的猜数字程序中，如果玩家输入的数字超过 100，或者小于 0，请提醒超出范围了。

（2）写段程序，请用户输入 1~7 的一个数字，输入 1 就打印出"星期一"，输入 2 就打印出"星期二"，以此类推。

第 6 课　循环往复

我们前面已经见识过循环的厉害之处了，还有更厉害的呢——双重循环！

1. 打印九九乘法表

大家都记得九九乘法表吧？九九乘法表一共有 9 行，每一行有 9 列。不过，由于这个表是对称的，所以只需要显示一半，如图 6-1 所示。

九九乘法口诀表								
1×1=1								
1×2=2	2×2=4							
1×3=3	2×3=6	3×3=9						
1×4=4	2×4=8	3×4=12	4×4=16					
1×5=5	2×5=10	3×5=15	4×5=20	5×5=25				
1×6=6	2×6=12	3×6=18	4×6=24	5×6=30	6×6=36			
1×7=7	2×7=14	3×7=21	4×7=28	5×7=35	6×7=42	7×7=49		
1×8=8	2×8=16	3×8=24	4×8=32	5×8=40	6×8=48	7×8=56	8×8=64	
1×9=9	2×9=18	3×9=27	4×9=36	5×9=45	6×9=54	7×9=63	8×9=72	9×9=81

图 6-1　九九乘法口诀表

现在我们就让计算机打印出一个九九乘法表。

```
for i in range(1,10):
    for j in range(1,i+1):
        print(j,end="")
        print("*",end="")
        print(i,end="")
        print("=",end="")
        print(j*i,end="")
        print("",end="")
    print()
```

这个程序一共有两个循环：第一个循环（也称外循环）是 for i in range(1,10)，共循环9次，i 的值从1变到9，目的是让计算机从第1行显示到第9行，一共显示9次；第二个循环（也称内循环）是 for j in range(1,i+1)，让计算机从第1列显示到第 i 列。当 i 等于1时，只显示1列。

print(j,end="") 的作用是首先显示列号，end="" 表示用空字符串来结束，也就是不要空格。

print("*",end="") 的作用是显示乘号。

print(i,end="") 的作用是显示行号。

print("=",end="") 的作用是显示等于号。

print(j*i,end="") 的作用显示二者相乘的值。

print("",end="") 的作用是在后面加个空格。

print() 的作用是当一个内循环做完之后，就在后面加个换行。

打印结果如图 6-2 所示。

```
1*1=1
1*2=2  2*2=4
1*3=3  2*3=6  3*3=9
1*4=4  2*4=8  3*4=12  4*4=16
1*5=5  2*5=10  3*5=15  4*5=20  5*5=25
1*6=6  2*6=12  3*6=18  4*6=24  5*6=30  6*6=36
1*7=7  2*7=14  3*7=21  4*7=28  5*7=35  6*7=42  7*7=49
1*8=8  2*8=16  3*8=24  4*8=32  5*8=40  6*8=48  7*8=56  8*8=64
1*9=9  2*9=18  3*9=27  4*9=36  5*9=45  6*9=54  7*9=63  8*9=72  9*9=81
```

图 6-2　打印口诀表输出结果

2. 寻找素数

大家在数学课上学过素数吧。素数是只能被自己或者 1 整除的数。如果在数学课上老师让大家找出 100 以内的所有素数的话，你会不会觉得很麻烦啊？但是别怕，今天我们教大家怎样用 Python 来找素数。

首先，我们立即想到：我们可以构建一个循环，从 2 循环到 99。为什么要从 2 开始呀？因为 1 不是素数，但它能够被自己和 1 整除，所以要把它排除在外，这个循环应该是这样的：

for i in range(2,100):

然后，我们每碰到一个数 i，需要判断它是不是素数。怎么判断呢？我们需要看它能不能够被除 1 和自己以外的其他数整除，每个数都需要除一除看能不能整除，所以我们需要有第二个循环：

for j in range(2,i):

那么，怎么知道能不能被整除？大家在第 3 课中应该学过"//"这个符号，这是整除运算符，如果正常的除法"/"运算的结果与整除"//"运算的结果相等，就说明能够被整除。

因此，代码如下。

```
for i in range(2,100):
    flag=True
    for j in range(2,i):
        if i//j == i/j :
            flag=False
            break
    if (flag):
        print(i," 是素数 ")
```

上面我们用了一个 flag 变量来标识一个数是不是素数。首先我们将它的初始值设置为 True，如果一旦发现它不是素数，我们就把 flag

设置为 False，并且用 break 语句直接退出内层循环。

输出结果如图 6-3 所示。

```
== RESTART: C:/Users/gloud/AppData/Local/Programs/Python/Python36/prime2.py ==
2 是素数
3 是素数
5 是素数
7 是素数
11 是素数
13 是素数
17 是素数
19 是素数
23 是素数
29 是素数
31 是素数
37 是素数
41 是素数
43 是素数
47 是素数
53 是素数
59 是素数
61 是素数
67 是素数
71 是素数
73 是素数
79 是素数
83 是素数
89 是素数
97 是素数
>>>
```

图 6-3　寻找素数输出结果

3. 学生成绩单

每次考完试，老师都要做一张学生的成绩单。一般来说，老师是用办公软件 Excel 来做的。其实，你也可以用 Python 来做。

为了做成绩单，我们先来学一个新东西——列表。列表很有用，它可以记录一组数据。列表中的所有元素都要放在一对中括号"[]"中，元素之间要使用逗号分隔。列表里的元素数量不限，还可以增加、删除或者修改列表中的元素。例如：

num=[33, 6, 9, 2, 66, 99, 12, 23, 56]

这样就定义了一个名字叫 num 的列表，它有 9 个元素，都是数字类型的。

poem=[' 床前明月光 ',' 疑是地上霜 ',' 举头望明月 ',' 低头思故乡 ']

这样就定义了一个名字叫 poem 的列表，它有 4 个元素，都是字符串类型的。注意，字符串需要加英文的单引号或者双引号。

大家想起来了吧？我们在第 4 课中定义颜色时，就用到了列表。

colors = ["red","yellow","blue","green"]

其实，列表里的元素的类型可以完全不同。例如：

mix=[3.1415926,'Minecraft','Notch',' 范俊西 ', 11,'Entity_404']

更加惊人的是，也可以把其他的列表放进列表里。例如：

scores=[['001',' 李明 ',92.5,93,94],['002',' 王小小 ',86, 91,99]]

这个列表有两个元素，每个元素都是一个列表，分别有 5 个元素。
好了，现在我们来看看成绩单的程序。

```
scores=[
# 学号    姓名    语文    数学    英语
# 像这种用符号 "#" 开始的文字是注释（说明文字），不会被程序执行
    ['001',' 李   明 ', 92.5, 93, 94],
    ['002',' 王小小 ',86, 91, 99],
    ['003',' 郑   准 ', 94.5, 93, 88],
    ['004',' 张大明 ', 86.5, 81, 87],
    ['005',' 田   甜 ', 80.5, 85, 80],
    ['006',' 李   娇 ', 78, 86, 80],
    ['007',' 王   晗 ', 79.5, 77, 76],
    ['008',' 耿文俊 ', 95, 88, 92],
    ['009',' 章   蕊 ', 99, 98, 90],
    ['010',' 董泽松 ', 88, 94, 98]
    ]
for student in scores:
    total=0
    for j in range(2,5):
```

total += student[j]
student.append(total)
print(student)

上面的代码中定义了一个 scores 这样的列表，它记录了很多学生的学号、姓名和三门课的成绩。然后，我们针对每位学生，计算了三门课的总分，并把总分添加到该学生的列表中，该程序输出结果如图 6-4 所示。

```
== RESTART: C:/Users/gloud/AppData/Local/Programs/Python/Python36/score.py ==
['001', '李  明', 92.5, 93, 94, 279.5]
['002', '王小小', 86, 91, 99, 276]
['003', '郑  准', 94.5, 93, 88, 275.5]
['004', '张大明', 86.5, 81, 87, 254.5]
['005', '田  甜', 80.5, 85, 80, 245.5]
['006', '李  娇', 78, 86, 80, 244]
['007', '王  晗', 79.5, 77, 76, 232.5]
['008', '耿文俊', 95, 88, 92, 275]
['009', '章  蕊', 99, 98, 90, 287]
['010', '董泽松', 88, 94, 98, 280]
>>>
```

图 6-4　学生成绩单输出结果

（1）请打印出 10000 以内的所有素数，并且统计一共有多少个。

（2）请把本课第 3 节的成绩单的最后加一列平均分。还有，你能不能计算所有同学的平均分？

第 7 课　电报

列表的用处很多,我们甚至可以用它来传递秘密信息!

1. 发电报

古代一般用驿马、信鸽、烽火等来远程传递信息,不是很方便。1835 年,美国一位画家摩尔斯经过 3 年的钻研,发明世界上第一台电报机。他成功地用电流的长短组合表示不同英文字母。这就是大名鼎鼎的摩尔斯电码。仅仅过了十多年,美国各主要城市之间就拥有了超过 37 万千米的电报线路。

摩尔斯电码表示字母的方法如图 7-1 所示。

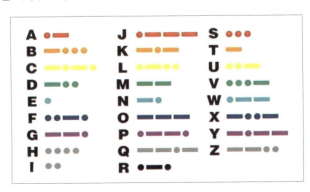

图 7-1　字母与摩尔斯电码对照表

其中，小圆点代表短信号，横线代表长信号。每个字母的组合信号组合都不一样，为了避免将 3 个 E 当成一个 S，就在每个字母后加一个停顿，用空格表示。

下面这段程序能够将输入的英文句子转换成电报。

```
message=input(" 请输入英文 :")
message=message.upper()
code=[".-","-...","-.-.","-..",".","..-.","--.","....","..",".---","-.-",".-..","--",
      "-.","---",".--.","--.-",".-.","...","-","..-","...-",".--","-..-","-.--",
      "--.."]
output=""
for letter in message:
    value=ord(letter)-ord('A')
    if value>=0 and value<26:
        output+=code[value]+" "
    else:
        output+=" "
print(" 摩尔斯电码是：",output)
```

大家应该都看出来了，code[] 是一个列表，里面按照顺序列出了从 A~Z 对应的电报码。message.upper() 会把输入的英文统一转换成大写。

那么，value=ord(letter)-ord('A') 是什么意思呢？ ord() 函数会返回一个字符对应的编码序号，就像通过姓名查找学生的学号一样。因此，ord(letter)-ord('A') 就表示 'A' 之后的第几个字母，也就是说，value 反映了一个字母的顺序号。

通过 code[value] 就可以得到字母对应的摩尔斯电码，然后在它后面加个空格表示这是一个字母，连接到输出字符串 output 后面。如果输入的字母的范围不在 A~Z，我们也用一个空格代替。

上面程序的运行效果如图 7-2 所示。

```
==== RESTART: C:/Users/gloud/AppData/Local/Programs/Python/Python36/aa.py ====
请输入英文:This is a book.
摩尔斯电码是：  - ....  ..  ...    ..  ...    .-    -...  ---  ---  -.- 
>>>
```

图 7-2　发电报输出结果

第 7 课　电报

这个输入结果到底对不对呢？我们可以访问网址：http://www.zhongguosou.com/zonghe/moErSiCodeConverter.aspx，把生成的摩尔斯电码复制进去转换成英文字母看对不对，如图 7-3 所示。看来没错！

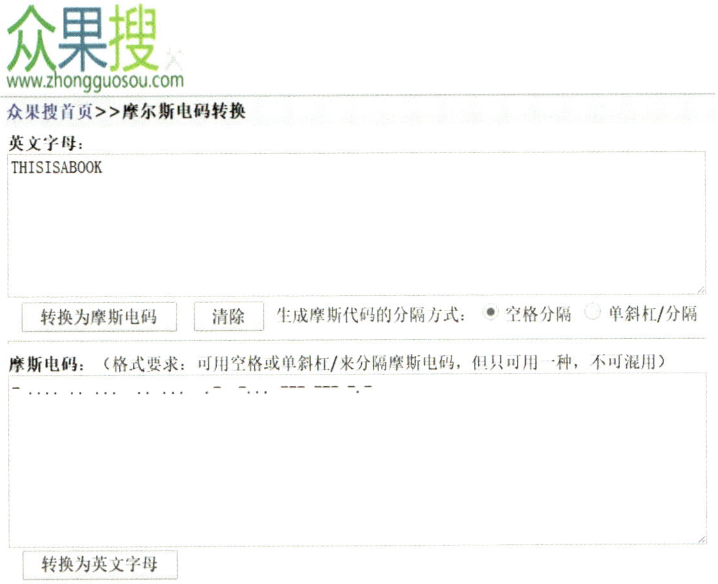

图 7-3　在众果搜网站上核对结果

2. 收电报

当电报员收到一封电报，他看到的样子会是这样的：

- .... -.... .. ... -.... .- -.... -... --- --- -.-

怎样才能读懂它呢？当然，可以查在本课第 1 节中的对照表。但这样好费劲，我们还是来写个程序吧！

code=[".-","-...","-.-.","-..",".","..-.","--.","....","..",".---","-.-",".-..","--",
"-.","---",".--.","--.-",".-.","...","-","..-","...-",".--","-..-","-.--","--.."]

message=input(" 请输入电报 :")

message+=" "   # 防止电报末尾缺少用作分隔符的空格

47

```
chars=""
output=""
for letter in message:
    if letter!=" ":
        chars=chars+letter
    else:
        for index in range(26):
            if code[index]==chars:
                output+= chr(ord('A')+index)
        chars=""
print(" 英语原文是： ",output)
```

在上述程序中，chars 用于保存一段连续的摩尔斯电码，如果遇到空格，在 code[] 列表中查找 chars 对应的字母序号，chr() 函数返回对应序号的字母，并且把 chars 清空以便保存下一段电码。

输出结果如图 7-4 所示。

```
== RESTART: C:/Users/gloud/AppData/Local/Programs/Python/Python36/moores.py ==
请输入电报:- .... .. ... .. ... .- -... --- --- -.-
英语原文是：   THISISABOOK
>>>
```

图 7-4　收电报输出结果

3. 收发电报

现在我们把上述两段程序合并在一起，使之既能生成电报，又能翻译电报。在这里，我们定义了两个函数：encode(message) 用于把输入的 message 转换并返回对应的电报。decode(message) 用于把输入的 message 转换并返回对应的英文。

其实，print()、ord() 等都是函数，只是这是系统定义的函数，你可以直接使用。而这里的 encode() 和 decode() 是我们自己定义的函数。函数一旦定义好后，可以反复使用，非常方便，程序如下。

```python
code=[".-","-...","-.-.","-..",".","..-.","--.","....","..","---","-.-",".-..","--",
      "-.","---",".--.","--.-",".-.","...","-","..-","...-",".--","-..-","-.--","--.."]
def encode(message):
    message=message.upper()
    output=""
    for letter in message:
        value=ord(letter)-ord('A')
        if value>=0 and value<26:
            output+=code[value]+" "
        else:
            output+=" "
    return output

def decode(message):
    chars=""
    output=""
    for letter in message:
        if letter!=" ":
            chars=chars+letter
        else:                    # 如果字符是个空格
            if len(chars)==0:
                                 # chars 长度为 0,意味着这个空格是英文原文的
                output+=" "
            else:                # chars 长度不为 0,意味着空格是摩尔斯电码分隔符
                for index in range(26):
                    if code[index]==chars:
                        output+= chr(ord('A')+index)
                chars=""
    return output

choice=input(" 请选择: 1. 发电报 2. 收电报: ")
```

```
if choice=='1':
    message=input(" 请输入英文 :")
    result=encode(message)
    print(" 摩尔斯电码是：",result)

elif choice=='2':
    message=input(" 请输入电报 :")
    result=decode(message)
    print(" 英语原文是：",result)
```

在上面的代码中，我们还通过加入判断语句来区别一个空格到底是摩尔斯电码的分隔符，还是英文原文中的空格，这样避免了输出英文的空格被吃掉，输出结果如图 7-5 所示。

```
=== RESTART: C:/Users/gloud/AppData/Local/Programs/Python/Python36/db2.py ===
请选择：1.发电报 2.收电报: 1
请输入英文:Steven is good at programming
摩尔斯代码是：  ...  -  ...-  .  -..-  .-  ..  ...  --.  --- --- -..  .-  -  .--. .-. --- --. .-. .- -- -- ..  --.
>>>
=== RESTART: C:/Users/gloud/AppData/Local/Programs/Python/Python36/db2.py ===
请选择：1.发电报 2.收电报: 2
请输入电报:...  -  ...-  .  -..-  .-  ..  ...  --.  --- --- -..  .-  -  .--. .-. --- --. .-. .- -- -- ..  --.
英语原文是：  STEVEN IS GOOD AT PROGRAMMING
>>>
```

图 7-5　收发电报输出结果

摩尔斯电码不仅可以表示字母，还可以表示数字和标点符号，如图 7-6 所示。请扩充上面收发电报的程序，使之能够准确地发送和接收正常的英文段落。

图 7-6 完整的摩尔斯电码表

完整的摩尔斯电码程序如下所示。

symbol=["A","B","C","D","E","F","G","H","I","J","K","L","M","N","O",
　　　　"P","Q","R","S","T","U","V","W","X","Y","Z","0","1","2","3",
　　　　"4","5","6","7","8","9",".",",",":","?","!",":","\"",",","="]
　　　　# "\"" 表示 " 符号，由于它与两边的引号相同，所以用 \"
　　　　# 来与两边的 " 区别

num=44　　# 上述的符号总数

code=[".-","-...","-.-.","-..",".","..-.","--.","....","..",".---","-.-",".-..","--","-.",
　　　"---",".--.","--.-",".-.","...","-","..-","...-",".--","-..-","-.--","--..","-----",
　　　".----","..---","...--","....-",".....","-....","--...","---..","----.",".-.-.-","--..--",
　　　"..--..","..--.","---...","-.-.-",".----.","-...-"]

def encode(message):
　　message=message.upper()
　　output=""
　　for letter in message:
　　　　flag=False

```python
        for i in range(num):           # 在 symbol 表中找对应符号的序号
            if symbol[i]==letter:      # 如果找到
                output+=code[i]        # 则输出 code 表对应的编码
                flag=True
                output+=" "            # 编码最后接一个空格
                break
        if flag==False:
            output+=letter
    return output

def decode(message):
    chars=""
    output=""
    for letter in message:
        if letter!=" ":                # 空格之前是最新的一串编码
            chars=chars+letter
        else:                          # 如果当前字符是空格
            if chars=="":              # 如果编码还是空的,需要直接输出空格
                output+=letter
            else:                      # 否则查找编码对应的字符
                flag=False
                for i in range(num):
                    if code[i]==chars:
                        output+=symbol[i]
                        flag=True
                        break
                if flag==False:
                    output+=chars
                chars=""
```

return output

choice=input(" 请选择：1. 发电报 2. 收电报：")

if choice=='1':
　　message=input(" 请输入英文：")
　　result=encode(message)
　　print(" 摩尔斯电码是：",result)

if choice=='2':
　　message=input(" 请输入电报：")
　　result=decode(message)
　　print(" 英语原文是：",result)

程序运行结果如图 7-7 所示。

图 7-7　摩尔斯电码程序运行结果

第8课 画笔

海龟是用程序控制画画,我能不能用鼠标随心所欲地画画呢?

1. 用点绘画

前面我们已经学会用不同颜色的笔来画线条了,那么,如果你想自己在画板上作画,想画什么就画什么,该怎么实现呢?

要实现这种能力,我们需要一个好帮手,它的名字叫 pygame,意思是 Python 游戏包。它可以帮助我们很方便地制作游戏,判断我们的操作并做出漂亮的画面及配上游戏音效。

pygame 游戏包需要先安装才能使用(如果已经按照本书第 1 课第 2 节方法安装过 Python 安装包,这一步可以省略)。安装方法很简单,在屏幕左下角 "开始" 菜单中找到 "命令提示符" 的菜单项(在 "所有程序" 的 "Windows 系统" 菜单中),并单击它,如图 8-1 所示。

在 "命令提示符" 窗口里输入 pip install pygame,即可自动下载并安装 pygame,如图 8-2 所示。

第 8 课　画笔

图 8-1　启动命令提示符

图 8-2　安装 Pygame

以后只要在程序里用 import pygame 导入 pygame 即可使用它。

在 pygame 中经常要用到颜色。大家知道，计算机中的颜色都是由 Red（红）、Green（绿）和 Blue（蓝）三种颜色组合而成的，因此它们又称为三原色,简称 R、G 和 B，它们的深浅用 0~255 表示。(255,0,0) 就代表 R 是 255, G 和 B 都是 0,这是大红色。(0,255,0) 是绿色,(0,0,255) 是蓝色。我们都知道，红色与绿色混合就是黄色，因此 (255,255,0) 是黄色。

下面我们来写个用点绘画的程序。

55

```
import pygame
pygame.init()                              # 对 pygame 进行初始化
screen=pygame.display.set_mode([800,600])
                                           # 设置屏幕大小
pygame.display.set_caption(" 单击鼠标来画画 ")
                                           # 显示窗口的名称
UnFinished=True                            # 用变量来标识是否结束
red=(255,0,0)                              # 定义红色

while UnFinished:                          # 如果没有结束就进入循环
    for event in pygame.event.get():       # 获取事件
        if event.type==pygame.QUIT:
                                           # 如果单击了窗口右上角的"关闭"按钮
            UnFinished=False               # 未完成设为"假"，表示已结束
        if event.type==pygame.MOUSEBUTTONDOWN:
                                           # 如果鼠标被按下了
            pygame.draw.circle(screen,red,event.pos, 15)
            # 就在鼠标按下的位置以 15 像素为半径画红色的实心圆
    pygame.display.update()                # 更新屏幕的显示

pygame.quit()                              # 退出 pygame
```

运行效果如图 8-3 所示。

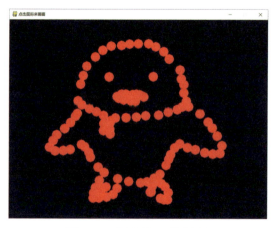

图 8-3 用点绘画的结果

2. 连笔画

用点画画是不是觉得很不方便？没关系，现在我们来做个画连笔画的工具，就像如图 8-4 所示这样的。

图 8-4　连笔画的结果

怎么才能画连笔画呢？最关键的是，只要鼠标是被按下的，就要一直画实心圆，程序如下。

```
import pygame
pygame.init()
screen=pygame.display.set_mode([800,600])
pygame.display.set_caption(" 按住鼠标左键并拖动来画画 ")
red=(255,0,0)
mousedown=False              #程序刚启动时，鼠标是未被按下的
UnFinished=True

while UnFinished:
    for event in pygame.event.get():
        if event.type== pygame.QUIT:
            UnFinished=False
        if event.type== pygame.MOUSEBUTTONDOWN:
            mousedown=True
                #如果鼠标被按下了，则设置 mousedown 标志
```

```
if event.type== pygame.MOUSEBUTTONUP:
    mousedown=False
                            # 如果鼠标被按下了，则清除 mousedown 标志
if mousedown:                           # 只要鼠标是被按下的状态
    spot=pygame.mouse.get_pos()         # 获取鼠标所在的位置
    pygame.draw.circle(screen, red, spot, 15)
                                        # 画一个红色的实心圆
pygame.display.update()
pygame.quit()
```

有一个有趣的现象，如果按下的鼠标移动太快，计算机来不及画点，会出现断断续续的情况，如图 8-5 所示。

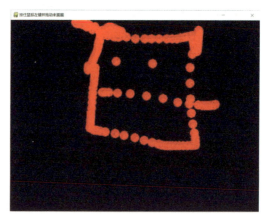

图 8-5　快速连笔画的效果

请对上面的连笔画程序稍加修改，使得每次按下鼠标移动时能够同时画出两种颜色。

第 9 课　调色板

用鼠标画画时，要是有个调色板能够选择颜色就更好了！

1. 做调色板

上面我们已经学会了连笔画。不过，你还是会觉得有点美中不足，就是只有一种颜色。我们能不能自己选颜色来作画呢？当然能。现在我们来做个简单的调色板，为了简单，调色板里只有 4 种颜色。当你用鼠标在某种色块上单击一下，则画出的就是这种颜色，如图 9-1 所示。

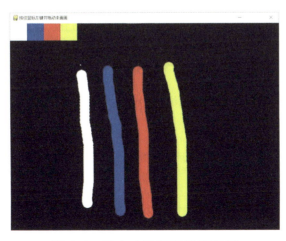

图 9-1　只有 4 种颜色的调色板

在开始之前,我们要解释一下屏幕坐标,屏幕坐标就是点在屏幕上的位置,由(X,Y)坐标表示,如图 9-2 所示。X 是横坐标,Y 是纵坐标。规定屏幕左上角是坐标原点(0,0)。

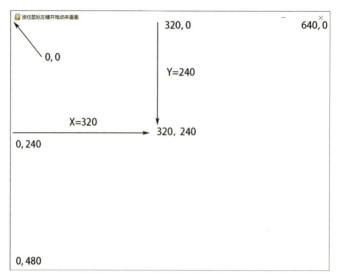

图 9-2　理解屏幕坐标

当我们想在屏幕上画个矩形时,需要指定方块的左上角坐标位置,以及矩形的宽度和高度,如图 9-3 所示。

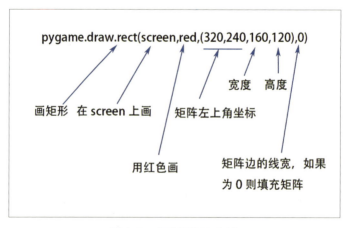

图 9-3　画矩形的方法

画出来的效果如图 9-4 所示。

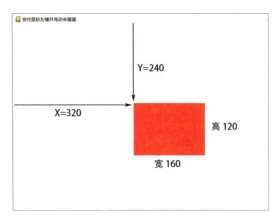

图 9-4　画矩形的效果

现在我们可以来做调色板了，程序如下。

import pygame
pygame.init()
screen=pygame.display.set_mode([800,600])
pygame.display.set_caption(" 按住鼠标左键并拖动来画画 ")
mousedown=False
UnFinished=True

white=(255,255,255)
red=(220,50,50)
yellow=(230,230,50)
blue=(0,0,255)

# 在屏幕上部画调色板
pygame.draw.rect(screen,white,(0,0,50,50),0)
　　　　# 在 (0,0) 位置画宽 50 像素、高 50 像素白色的正方形
pygame.draw.rect(screen,blue,(50,0,50,50),0)
　　　　# 在 (50,0) 位置画宽 50 像素、高 50 像素蓝色的正方形
pygame.draw.rect(screen,red,(100,0,50,50),0)
　　　　# 在 (100,0) 位置画宽 50 像素、高 50 像素红色的正方形

```
        pygame.draw.rect(screen,yellow,(150,0,50,50),0)
                         # 在(150,0)位置画宽 50 像素、高 50 像素黄色的正方形
color=white              # 画笔的默认颜色是白色
while UnFinished:
    for event in pygame.event.get():
        if event.type==pygame.QUIT:
            UnFinished =False
        if event.type== pygame.MOUSEBUTTONDOWN:
            mousedown=True
        if event.type== pygame.MOUSEBUTTONUP:
            mousedown=False
    if mousedown:                          # 如果鼠标被按下了
        spot=pygame.mouse.get_pos()        # 获取鼠标的位置
        # spot[0] 是 X 坐标，spot[1] 是 Y 坐标
        if spot[0]<=50 and spot[1]<=50:    # 如果是在第一个方块的范围
            color = white                  # 将画笔颜色设置成白色
        elif spot[0]<=100 and spot[1]<=50:
                                           # 如果是在第二个方块的范围
            color = blue                   # 将画笔颜色设置成蓝色
        elif spot[0]<=150 and spot[1]<=50:
                                           # 如果是在第三个方块的范围
            color = red                    # 将画笔颜色设置成红色
        elif spot[0]<=200 and spot[1]<=50:
                                           # 如果是在第四个方块的范围
            color = yellow                 # 将画笔颜色设置成黄色
        pygame.draw.circle(screen, color, spot, 15)
                         # 只要鼠标是被按下的，就在 spot 位置以 color
                         # 颜色画半径为 15 像素的圆
    pygame.display.update()
pygame.quit()
```

现在，你可以尽情地画了！如图 9-5 所示。

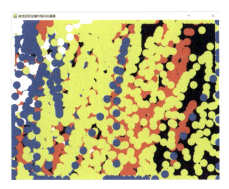

图 9-5　用调色板的不同颜色绘画

2. 保护调色板

在上面图板上作完画之后，我们又发现一个美中不足的地方：调色板居然会被盖掉！没关系，我们只要略施小计，就可以解决这个问题，请看下面的程序。

```
import pygame
pygame.init()
screen=pygame.display.set_mode([800,600])
pygame.display.set_caption(" 按住鼠标左键并拖动来画画 ")
radius=15
mousedown=False
UnFinished=True

white=255,255,255
red=255,0,0
yellow=255,255,0
black=0,0,0
blue=0,0,255
green=0,128,0
purple=128,0,128
cyan=0,255,255
```

```
        screen.fill(white)        # 用白色填充屏幕
        # 在屏幕上部画调色板，这里增加了几种颜色方块
        pygame.draw.rect(screen,white,(0,0,50,50),0)
        pygame.draw.rect(screen,red,(50,0,50,50),0)
        pygame.draw.rect(screen,green,(100,0,50,50),0)
        pygame.draw.rect(screen,yellow,(150,0,50,50),0)
        pygame.draw.rect(screen,blue,(200,0,50,50),0)
        pygame.draw.rect(screen,purple,(250,0,50,50),0)
        pygame.draw.rect(screen,cyan,(300,0,50,50),0)
        pygame.draw.rect(screen,black,(350,0,50,50),0)
        color=black              # 默认的画笔颜色
        while UnFinished:
            for event in pygame.event.get():
                if event.type==pygame.QUIT:
                    UnFinished=False
                elif event.type==pygame.MOUSEBUTTONDOWN:
                    mousedown=True
                elif event.type==pygame.MOU SEBUTTONUP:
                    mousedown=False
            if mousedown:
                spot=pygame.mouse.get_pos()
                if spot[0]<=50 and spot[1]<=50:
                    color = white
                elif spot[0]<=100 and spot[1]<=50:
                    color = red
                elif spot[0]<=150 and spot[1]<=50:
                    color = green
                elif spot[0]<=200 and spot[1]<=50:
                    color = yellow
                elif spot[0]<=250 and spot[1]<=50:
                    color = blue
                elif spot[0]<=300 and spot[1]<=50:
                    color = purple
```

```
            elif spot[0]<=350 and spot[1]<=50:
                color = cyan
            elif spot[0]<=400 and spot[1]<=50:
                color = black
            if spot[1]>=75:              # 仅当 y 坐标在 75 像素以下时，才画线条
                pygame.draw.circle(screen,color,spot, radius)
    pygame.display.update()
pygame.quit()
```

这下好了，你不用担心调色板会被盖掉了，如图 9-6 所示。

图 9-6　防止调色板被覆盖之后的绘画效果

请在上面的调色板上增加橙色 orange，它的颜色值是（255,165,0）。

65

第10课 弹球

现在我们来做一个动画!我们准备在一个长方形的盒子里弹球。

1. 移动球

先来看看怎么把一个小球,从屏幕左上角发射出来,飞向屏幕右下角,先看看代码:

```
import pygame,time
pygame.init()
screen=pygame.display.set_mode((600,500))
pygame.display.set_caption(" 弹球游戏 ")
red=255,0,0
black=0,0,0
x=0
y=0
dx=2
dy=1
radius=10
KeepGoing=True                    #是否退出的标志
while KeepGoing:
```

第10课 弹球

```
    for event in pygame.event.get():           #检查是否要退出
        if event.type in (pygame.QUIT, pygame.KEYDOWN):
            KeepGoing=False
    x+=dx
    y+=dy
    pygame.draw.circle(screen,red,(x,y),radius)   #画一个红色小球
    pygame.display.update()                       #刷新一下，让红球显示出来
    time.sleep(0.02)                              #等待 0.02 秒
    pygame.draw.circle(screen,black,(x,y),radius)
                                                  #再在同样位置画黑球盖住红球
    pygame.display.update()                       #刷新一下，让黑球显示出来
pygame.quit()                                     #退出 pygame
```

是不是很简单？动画产生的诀窍在于人眼有"视觉暂留"特性，将红色小球显示 0.02 秒，然后清除掉后在下一个位置继续显示，就形成了一个连续的飞行过程，如图 10-1 所示。

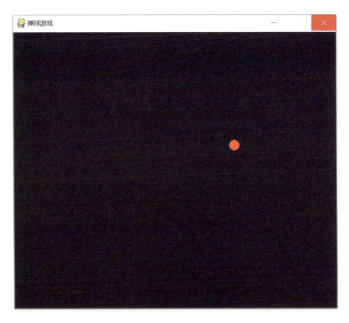

图 10-1　移动球

67

2. 加音效

光有动画,没有声音,感觉有点美中不足。现在我们来加点音效。pygame.mixer 是一个用来处理声音的模块,其含义为"混音器",一般我们会用到以下几个函数。

```
pygame.mixer.init()              # 初始化混音器
# 如果要播放 .wav 文件,可以这样做
s=pygame.mixer.Sound(" 文件名 .wav")
                                 # 指定声音文件,创建一个播放对象
s.play()                         # 使 s 这个声音对象开始播放
s.stop()                         # 使 s 这个声音对象停止播放
```

现在我们来看完整的代码:

```
import pygame,time
pygame.init()
pygame.mixer.init()
width=600
height=500
screen=pygame.display.set_mode((width,height))
pygame.display.set_caption(" 弹球游戏 ")
red=255,0,0
black=0,0,0
x=10
y=10
dx=2
dy=1
radius=10
KeepGoing=True
s=pygame.mixer.Sound("fly.wav")   # 打开声音文件
            # fly.wav 文件已经在第 1 课第 2 节中解压在 PythonStudy 目录下
s.play()                          # 播放声音
```

```
while KeepGoing:
    for event in pygame.event.get():
        if event.type in (pygame.QUIT, pygame.KEYDOWN):
            KeepGoing=False
    x+=dx
    y+=dy
    pygame.draw.circle(screen,red,(x,y),radius)
    pygame.display.update()
    time.sleep(0.02)
    pygame.draw.circle(screen,black,(x,y),radius)
    pygame.display.update()
pygame.quit()
```

3. 弹回球

在球遇到边框时，我们还希望球能够弹回来。我们怎么才知道球到了边框呢？在水平方向，如果球的 x 坐标就会大于屏幕宽度减球的半径。在这种情况下，我们只要把球在水平方向的运动方向反一下即可，就像这样：

if x>height-radius or x<radius:

其中，dx 是球每一步在 x 方向变化的量。
同样，y 方向也可这样处理：

if y>height-radius or y<radius:
    dy=-dy

当球碰到边框时，我们希望有一种特殊的碰撞声，这种声音与球飞行的声音不一样，所以我们需要有两个播放声音的通道。
如果需要同时播放多种声音，需要选择不同的通道来播放。

```
c=pygame.mixer.find_channel(True)     # 寻找播放声音的通道
c.play(s)                              # 用找到的通道 c 播放 s 声音
import pygame,time
pygame.init()
```

```
pygame.mixer.init()
width=600
height=500
screen=pygame.display.set_mode((width,height))
pygame.display.set_caption(" 弹球游戏 ")
red=255,0,0
black=0,0,0
x=10
y=10
dx=2
dy=1
radius=10
KeepGoing=True

audio_clip1=pygame.mixer.Sound("fly.wav")
    # fly.wav 文件已经在第 1 课第 2 节中解压在 PythonStudy 目录下

channel1=pygame.mixer.find_channel(True)          # 第一个播放声音的通道
channel1.play(audio_clip1)                        # 直接播放球飞行的声音
audio_clip2=pygame.mixer.Sound("pong.wav")        # 第二个播放声音的通道
    # pong.wav 文件已经在第 1 课第 2 节中解压在 PythonStudy 目录下
channel2=pygame.mixer.find_channel(True)          # 碰撞声音暂时不播放

while KeepGoing:
    for event in pygame.event.get():
        if event.type in (pygame.QUIT, pygame.KEYDOWN):
            KeepGoing=False
    if x>width-2*radius or x<radius:              # 如果球在水平方向到达边框
        dx=-dx
        channel2.play(audio_clip2)                # 播放球碰撞的声音
        channel1.play(audio_clip1)                # 重新播放球飞行的声音
    if y>height-2*radius or y<radius:             # 如果球在垂直方向到达边框
        dy=-dy
        channel2.play(audio_clip2)
        channel1.play(audio_clip1)
```

```
        x+=dx
        y+=dy
        pygame.draw.circle(screen,red,(x,y),radius)
        pygame.display.update()
        time.sleep(0.02)
        pygame.draw.circle(screen,black,(x,y),radius)
        pygame.display.update()
pygame.quit()
```

在上面的弹球动画中，请在屏幕中间画一条竖线，每当球经过竖线时，就换一种音效，在 fly.wav 和 fly2.wav 之间切换。fly2.wav 文件已经在第 1 课第 2 节中解压在 PythonStudy 目录下。

第 11 课　缤纷色彩

你会一下就掉进缤纷的色彩世界！

1. 现代艺术

我们要在屏幕上随机地显示彩色方块，并配上优美的背景音乐。

这次我们配的音乐是 mp3 格式，需要用 music 函数来装入和播放，程序如下所示。

```
pygame.mixer.music.load("dawn.mp3")
pygame.mixer.music.play()
```

在结束时，我们不希望音乐戛然而止，而是在 3 秒（3000 毫秒）内渐渐淡出，程序如下所示。

```
pygame.mixer.music.fadeout(3000)
```

下面我们来看完整的程序。

```
import pygame, random, time
from sys import exit
```

第 11 课 缤纷色彩

```
pygame.init()
pygame.mixer.init()
pygame.display.set_caption(" 艺术空间 ")
screen=pygame.display.set_mode((1024,768))
screen.fill((0,0,0))
pygame.mixer.music.load("dawn.mp3")
    # dawn.mp3 文件已经在第 1 课第 2 节中解压在 PythonStudy 目录下
pygame.mixer.music.play()
for i in range(300):
    for event in pygame.event.get():
        if event.type == pygame.QUIT:
            pygame.display.quit()
            pygame.mixer.music.fadeout(3000)
            exit()
    x=random.randint(0,1024)
    y=random.randint(0,768)
    width=random.randint(0,250)
    height=random.randint(0,200)
    R=random.randint(0,255)
    G=random.randint(0,255)
    B=random.randint(0,255)
    pygame.draw.rect(screen,(R,G,B),(x,y,width,height),0)
                                # 用 R,G,B 颜色在屏幕上的 x,y 坐标画一个
                                # 宽为 width、高为 height 的实心长方形
    pygame.display.flip()       # 更新整个屏幕
    time.sleep(0.1)
pygame.quit()
```

运行效果如图 11-1 所示。

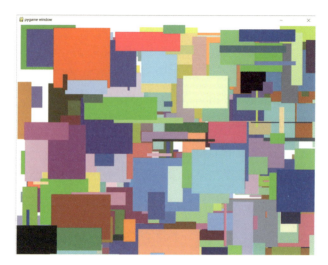

图 11-1 现代艺术显示效果

2. 色彩斑斓

我们能够让你调出任意颜色！下面这个程序的运行结果如图 11-2 所示。

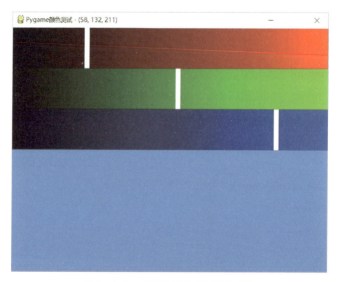

图 11-2 任意颜色的调色板

这是个任意颜色的调色板！当你用鼠标拖动在红、绿、蓝颜色条上的白色标尺时，窗口下方就会显示混合出来的颜色，窗口标题条会显示三种颜色的值。

要读懂下面的程序，请看注释。

```python
import pygame
from sys import exit

pygame.init()

screen = pygame.display.set_mode([640, 480])
                      # 下面这个函数用于创建三种颜色条
def create_scales(height):
    red_scale_surface = pygame.surface.Surface((640, height))
                      # 定义一个画图对象，宽 640 像素、高为 height
    green_scale_surface = pygame.surface.Surface((640, height))
    blue_scale_surface = pygame.surface.Surface((640, height))
    for x in range(640):         # 横坐标 x 从 0 循环到 639
        c = int((x/639) * 255)
                      # 计算出相对于横坐标 x 的颜色值，颜色值是从 0~255
        red = (c, 0, 0)          # 红色颜色条的值
        green = (0, c, 0)        # 绿色颜色条的值
        blue = (0, 0, c)         # 蓝色颜色条的值
        line_rect = pygame.Rect(x, 0, 1, height)
            # 在 (x,0) 位置上一个宽为 1 像素、高为 height 的实心长方形
        pygame.draw.rect(red_scale_surface, red, line_rect)
            # 在红色条对象上以当前的红色值画 line_rect
        pygame.draw.rect(green_scale_surface, green, line_rect)
            # 在绿色条对象上以当前的绿色值画 line_rect
        pygame.draw.rect(blue_scale_surface, blue, line_rect)
            # 在蓝色条对象上以当前的蓝色值画 line_rect
```

```
            return red_scale_surface, green_scale_surface, blue_scale_surface
                                    # 函数返回画好的三种颜色条

red_scale, green_scale, blue_scale = create_scales(80)
                    # 调用函数创建三种颜色条，高度为 80 像素

color = [0, 0, 0]                   # 这个列表记录红、绿、蓝的当前值
color_x = [0, 0, 0]                 # 这个列表记录三种颜色条的当前横坐标
mousedown=False                     # 记录鼠标左键是否被按下

while True:

    for event in pygame.event.get():
        if event.type == pygame.QUIT:
            pygame.display.quit()
            exit()
        elif event.type== pygame.MOUSEBUTTONDOWN:    # 鼠标左键被按下了
            mousedown=True
        elif event.type== pygame.MOUSEBUTTONUP:      # 鼠标左键松开了
            mousedown=False
    screen.blit(red_scale, (0, 0)) # 把 red_scale 对象画到主屏幕 (0,0) 位置上
    pygame.draw.rect(screen,[255,255,255],[color_x[0],0,10,80],0)
                    # 在屏幕的（color_x[0], 0）位置上画一个宽度为 10 像素、
                    # 高度为 80 像素的白色标尺
    screen.blit(green_scale, (0, 80))
                    # 把 green_scale 对象画到主屏幕 (0,80) 位置上
    pygame.draw.rect(screen,[255,255,255],[color_x[1],80,10,80],0)
                    # 在屏幕的（color_x[1],80）位置上画一个宽度为 10 像素、
                    # 高度为 80 像素的白色标尺
    screen.blit(blue_scale, (0, 160))
                    # 把 blue_scale 对象画到主屏幕 (0,160) 位置上
    pygame.draw.rect(screen,[255,255,255], [color_x[2],2*80,10,80],0)
                    # 在屏幕的（color_x[2],2*80）位置上画一个宽度为 10
```

第11课 缤纷色彩

```
                                   #像素、高度为80像素的白色标尺
x, y = pygame.mouse.get_pos()      #获取鼠标当前的位置
if mousedown:                      #如果鼠标被按下
    if y<3*80:                     #如果鼠标落在颜色条的范围中
        color_index=y//80          #计算鼠标落在哪种颜色上
        color_x[color_index]=x     #这种颜色条的当前横坐标设为 x
        color[color_index]=int((x/639)*255)
                                   #设置这种颜色条的当前颜色值
pygame.display.set_caption("Pygame 颜色测试 -"+ str(tuple(color)))
                                   #设置标题条
pygame.draw.rect(screen, tuple(color),(0, 240,640,480))
                                   #在窗口下方按照当前颜色组合值画长方形
pygame.display.update()            #刷新屏幕的显示
pygame.quit()
```

请把上面的调色板与第9课的画板相结合，使大家能够用任意颜色绘画。

第12课 大数据

进入信息时代,人类产生的数据爆炸式增长,每过18个月,全球几千年所积累的数据总量就会翻一番,这种现象就叫"大数据"。本课讲怎么获得大数据、分析大数据和展现大数据。

1. 获取大数据

大数据有两个主要来源:一个来源是来自互联网。互联网是将全球计算机连接在一起的网络,互联网是数据的海洋,里面有几十亿人在拍照、拍录像、写文字、做交易、发微信、发微博、发视频、发邮件等;另一个来源是来自大量的传感器。走到大街上,到处都有摄像头,这就是一种传感器,它们产生了极其海量的数据。每辆汽车里都有上百个传感器,当车辆出故障时,修车厂用计算机一连接汽车就知道哪个部件有问题。从大量传感器获取数据,实现对世界的感知,叫作物联网,也就是连接各种物体的网络。

这里介绍如何从互联网获取数据。从互联网获取数据的最常见方法就是使用"爬虫"程序。互联网就像一张蜘蛛网一样,爬虫就像在上面爬行的蜘蛛一样,爬虫爬到哪里,就把哪里的信息获取过来。只要是网络浏览器能够打开的页面,都可以用爬虫程序来获取数据，比如中央电视台网站 www.cctv.cn，或者新浪新闻网站 news.sina.com.cn。

下面我们试试从百度获取搜索结果前 10 页的标题。首先要安装一些软件包，在"命令提示符"窗口里依次输入下面的命令（如果已经按照本书第 1 课第 2 节方法安装过 Python 安装包，这一步可以省略）。

```
pip install requests
pip install bs4
```

然后在 IDLE 里输入下面的代码。

```
import requests
from bs4 import BeautifulSoup
import re
import json

titles=[]                                    # 获取到的网页标题

key=input(" 请输入一个关键词：")

for i in range(10):                          # 一页获取 10 页内容
    url ='http://www.baidu.com/s?wd='+key+ '&pn='+str(i*10)
        # 用输入的关键词形成百度的查询网址链接，并指定当前的起始编号

    res = requests.get(url)
        # 获取网址的返回内容到 res 中

    res.encoding='UTF-8'
        # 对返回的内容使用标准的 UTF-8 编码

    soup = BeautifulSoup(res.text,'html.parser')
        # 使用 html.parser 剖析器来解释 res 的文本，结果放入 soup 中

    for div in soup.find_all('div',{'data-tools':re.compile('title')}):
        # 在 soup 中寻找指定的标签组合
        # 百度搜索结果的标题都嵌在 <div> 和
        # </div> 中间，而且以这样的形式出现
```

```
            # data-tools="{title:' 云计算 _ 百度百科 ',url:'http://#baike...'}"
            data=div.attrs['data-tools']      # 取得 'data-tools' 属性的数据 data
            d=json.loads(data)                # 以 JSON 格式导入数据到 d 中
            titles.append(d['title'])         # 把数据的 'title' 部分加入 titles 中

    for i in titles:                          # 打印所有的 titles
        print(i)
```

上述代码执行的效果如图 12-1 所示。

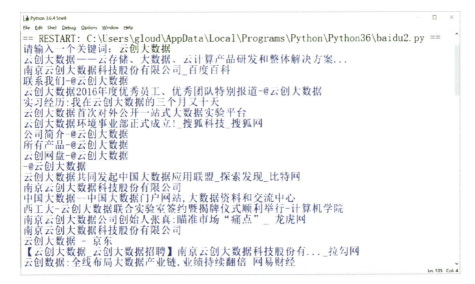

图 12-1　爬取到百度的返回结果

是不是很酷？相当于一下子看到了百度搜索引擎返回的 10 页的结果！

上述代码会有一些比较难理解的地方，不过不要紧，请看看注释，实在看不懂也没关系。要知道，这个程序一般只有大学生才会写，而你还是一位小学生呢！

2. 分析大数据

在我们获得海量的数据之后，如何分析和利用它们呢？我们通过对已经获得的数据进行学习，获得经验，从而掌握对其他数据进行判断的能力。先想一想，我们小时候是怎么认识水果的呢？爸爸妈妈给我们看一种水果，说这是什么水果。然后再给我们看另一种，说这是什么水果……我们见得多了，在脑子里就有了各种水果的样子，这种样子我们称为"模型"，然后就可以根据已有的"模型"认识各种水果了！所示，分析大数据的过程是：首先要收集数据，然后要训练数据形成模型，最后使用模型判断新数据，如图12-2所示。

图12-2　分析大数据的过程

这里我们先来看看水果分类表，如表12-1所示。

表12-1　水果分类表

重量（克）	果皮材质	水果类别
140	光滑	苹果
130	光滑	苹果
150	粗糙	橙子
170	粗糙	橙子
168	粗糙	橙子
…	…	…

上表列出了已知水果的特征和类别。为了简化，这里只列了重量和果皮材质，而且只列了两种水果，现在我们用程序来表示上面的数据。

features=[[140,'光滑'], [130,'光滑'], [150,'粗糙'],[170,'粗糙'] , [168,'粗糙']]
labels =['苹果','苹果','橙子','橙子','橙子']

features表示水果的特征，它包括重量和果皮材质两项数据。labels表示水果的类别。features是输入数据，labels是输出结果。当然，实际的数据量可能远远多于上述5条。

为了方便计算，我们用 1 表示 '光滑'、用 0 表示 '粗糙'。另外，我们用 0 表示 '苹果'、用 1 表示 '橙子'。所以，上述数据又可以表示成：

features=[[140,1], [130,1], [150,0], [170,0] , [168,0]]
labels =[0, 0, 1, 1,1]

现在我们让机器通过学习上面的训练数据，而达到像人一样具有举一反三的能力。在开始之前，需要先在"命令提示符"窗口运行下面的命令来安装机器学习程序库（如果已经按照本书第 1 课第 2 节方法安装过 Python 安装包，这一步可以省略）。

pip install scikit-learn

完整的程序代码如下。

```
from sklearn import neighbors      # 从 sklearn 中导入 KNN 分析模型
features=[[140,1],[130,1],[150,0],[170,0], [168,0]]
                                   # 训练数据的属性数据
labels=[0,0,1,1,1]                 # 训练数据的标签数据
clf= neighbors. KNeighborsClassifier ()    # 采用 KNN 分析模型
clf=clf.fit(features,labels)       # 用已有数据训练模型
print (clf.predict([[160,0]]))
                                   # 判断 150 克重、粗糙的水果是苹果还是橙子
```

输出结果是：[1]，也就是橙子

你可能要问，这样做有什么用呢？我本来就认识苹果和橙子啊！看过下面的例子，你就会明白了！

如表 12-2 所示是一张已有的三好学生评价表。我们能不能让计算机通过对这张表的学习，学会判断其他的学生是不是三好学生呢？例如表 12-3 所示就是一位新学生的数据，我们想知道这位同学是不是三好生。

表 12-2　三好学生评价表

编号	思想品德	语文	数学	英语	是否三好学生
1	80	95	88	66	否
2	91	90	92	98	是
3	92	93	91	95	是
4	88	80	72	90	否
5	90	75	89	78	否
6	92	96	94	99	是
7	95	88	77	66	否
8	96	90	100	97	是
9	93	80	82	81	否
10	98	70	91	92	否
11	92	91	90	95	是
12	93	93	95	94	是

表 12-3　需要判断的评价表

编号	思想品德	语文	数学	英语	是否三好学生
1	92	94	95	96	?

如果我们用 1 表示是三好学生，0 表示不是三好学生。用已知的数据训练计算机之后，就可以判断新学生是不是三好学生了，程序如下。

```
from sklearn import neighbors
features=[[80,95,88,66],[91,90,92,98],[92,93,91,95],[88,80,72,90],[90,75,89,78],
        [92,96,94,99],[95,88,77,66],[96,90,100,97],[93,80,95,81],[98,70,91,92],
        [92,91,90,95],[93,93,95,94]]
labels=[0,1,1,0,0,1,0,1,0,0,1,1]
clf=neighbors.KNeighborsClassifier()
clf=clf.fit(features,labels)
print(clf.predict([[92,94,95,86]]))
```

这段程序判断一位新学生 [92, 94, 95, 96] 是否是三好学生，程序运行之后会输出：

[1]

说明这是一位三好学生!

不过,上面只是一个例子,只有当训练数据足够多,判断的结果才会比较准确。

3. 看见大数据

大数据放在计算机里,我们如何才能看见它们?我们可以把它们画出来!这叫大数据可视化。

最简单的可视化方法是用线图、柱状图、散点图、饼图等来展现数据,如图 12-3 所示。

其实,可视化也可以做得很炫哦,而且还可以是动画,如图 12-4 所示。

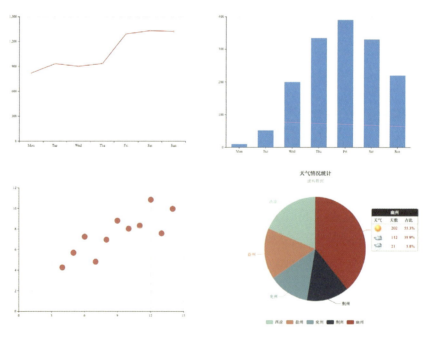

图 12-3　平面可视化

第12课　大数据

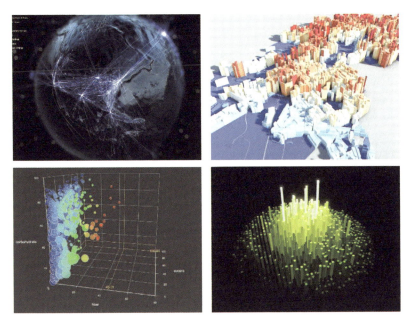

图 12-4　立体可视化

上面这些例子都来自百度的 ECharts。大家可以访问 echarts.baidu.com 看到更多可视化效果。

下面我们教大家做自己的可视化。首先在"命令提示符"窗口中运行命令来安装两个程序包（如果已经按照本书第 1 课第 2 节方法安装过 Python 安装包，这一步可以省略）。

pip install pyheatmap

pip install pillow

现在我们来看数据文件 heatmap.txt。它里面记录了一系列用户在屏幕上单击鼠标的位置，如下所示。

92,52

302,104

67,225

290,101

128,88

305,117
35,209
290,104
55,14
……

每一行都有两个数字，第一个数字是横坐标，第二个数字是纵坐标。中间用逗号分隔，每一行按 Enter 键换行。我们需要把 heatmap.txt 文件保存在 Python 程序所在的目录里。

然后在 IDLE 中输入下面的代码。

```
import pyheatmap
from pyheatmap.heatmap import HeatMap

with open('heatmap.txt','r') as file:    # 打开 heatmap.txt 文件用于读数据
    s = file.read()                      # 从文件中读数据到 s 中
sdata = s.split("\n")                    # 把 s 用回车符 "\n" 作为分隔符进行分割
                                         # 保存到 sdata 中
data = []                                # 用来装坐标位置数据
for line in sdata:                       # 访问 sdata 中的每一行
    a = line.split(",")                  # 把当前行用 "," 作为分隔符进行分割
    if len(a) != 2:                      # 如果本行中的字符串不是两个则跳过去
        continue
    a[0] = int(a[0])                     # 把 a 中的两个字符串转换成两个十进制整数
    a[1]= int(a[1])
    data.append(a)                       # 把 a 添加到 data[] 中
hm = HeatMap(data)                       # 把 data 中数据传递给 HeatMap
hm.clickmap(save_as="hit.png")           # 生成单击图，保存为 "hit.png"
hm.heatmap(save_as="heat.png")           # 生成热力图，保存为 "heat.png"
```

这个程序执行完成后，就可以在当前目录下找到两个新产生的文件：hit.png 和 heat.png，如图 12-5 所示。

第 12 课 大数据

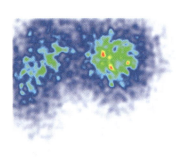

图 12-5 可视化结果

请判断如表 12-4 所示的学生是不是三好学生。

表 12-4 需要判断的评价表

编号	思想品德	语文	数学	英语	是否三好学生
1	80	85	88	78	
2	95	94	93	92	
3	90	90	90	90	
4	80	80	80	80	

第 13 课 人工智能

人工智能，就是通过人类设计的计算机程序，模仿人类具有的一些特殊能力，比如看、听、说、读、写，甚至思考等。

1. 我能看见你

现在我们让人工智能把一张照片里的人脸都找出来。

首先，在"命令提示符"窗口中输入命令来安装两个软件包（如果已经按照本书第 1 课第 2 节方法安装过 Python 安装包，这一步可以省略）。

```
pip install scikit-image
pip install dlib
```

然后在 IDLE 编辑器中输入下面的代码。

```
import dlib
from skimage import io

# 使用正面人脸检测器
detector = dlib.get_frontal_face_detector()

# 读入要检测的人脸图片
img = io.imread("test1.jpg")
# test1.jpg 是要测试人脸的照片文件，请把它放到本程序的目录里
```

```
# 生成图像窗口
win = dlib.image_window()
# 显示要检测的图像
win.set_image(img)
# 检测图像中的人脸
faces = detector(img, 1)
print(" 人脸数：", len(faces))
# 绘制矩阵轮廓
win.add_overlay(faces)
# 保持图像
dlib.hit_enter_to_continue()
```

我们试试如图 13-1 所示的这张照片，准确地识别出了一张人脸。如图 13-2 所示的这张照片识别出了 8 张人脸，包括屏幕上的两张。

图 13-1　识别人脸　　　　　图 13-2　识别多张人脸

大家可以尝试其他的图片，如图 13-3 所示的卡通人脸。

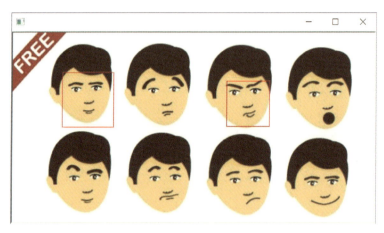

图 13-3　识别卡通人脸

2. 我能认识你

前面我们已经知道人工智能能够从图片中找到人脸，它能不能认识里面的人呢？现在我们来试试！

首先安装人脸识别程序包，在"命令提示符"窗口中输入如下命令（如果已经按照本书第 1 课第 2 节方法安装过 Python 安装包，这一步可以省略）。

```
pip install face_recognition
```
然后输入下面的代码。

```
import os                              # 导入操作系统程序包
import face_recognition                # 导入人脸识别程序包

path=".\\known"                        # 指定需要读取我们已经知道的人脸文件的目录
files =os.listdir(path)                # 从该目录读取所有文件到 files 中
known_names = []                       # 已知的人名，最开始为空
known_faces = []                       # 已知的人脸，最开始为空
for file in files:                     # 从 files 中循环读取每个文件名
    filename = str(file)               # 得到当前文件的名字
```

```
known_names.append(filename)        # 把当前文件名字加入人名清单里
image=face_recognition.load_image_file(path+"\\"+filename)
                                    # 读入当前人脸图像
encoding = face_recognition.face_encodings(image)[0]
        # 对当前人脸图像进行识别，将识别的特征保存在 encoding 中
known_faces.append(encoding)
                                    # 把当前人脸特征保存在已知人脸中
unknown_image = face_recognition.load_image_file(" 未知 1.jpg")
                                    # 调入一张不知人名的人脸
unknown_encoding = face_recognition.face_encodings(unknown_image)[0]
                                    # 识别这张人脸的特征
results = face_recognition.compare_faces(known_faces, unknown_
encoding,tolerance=0.5)             # 将未知人脸与所有已知人脸进行比较
print(" 识别结果如下： ")
for i in range(len(known_names)):   # 显示未知人脸与每张已知人脸的比较结果
    print(known_names[i]+":",end=" ")
                                    # 打印已知的人脸文件名，end=" " 表示不换行
    if results[i]:
        print(" 相同 ")             # 识别结果是 True，就显示相同
    else:
        print(" 不同 ")             # 识别结果是 False，就显示不同
```

保存在当前目录下名为 known 的子目录下的人脸图片如图 13-4 所示。

图 13-4　用于训练的人脸

保存在当前子目录下的两张测试人脸图片如图 13-5 所示。

图 13-5　需要识别的人脸

识别结果如图 13-6 所示，非常准确！

```
>>> 
= RESTART: C:/Users/gloud/AppData/Local/Programs/Python/Python36/facereco.py =
识别结果如下：
刘鹏1.jpg： 相同
刘鹏2.jpg： 相同
刘鹏3.jpg： 相同
刘鹏4.jpg： 相同
刘鹏5.jpg： 相同
刘鹏6.jpg： 相同
外国人.jpg： 不同
张真2.jpg： 不同
>>> 
= RESTART: C:/Users/gloud/AppData/Local/Programs/Python/Python36/facereco.py =
识别结果如下：
刘鹏1.jpg： 不同
刘鹏2.jpg： 不同
刘鹏3.jpg： 不同
刘鹏4.jpg： 不同
刘鹏5.jpg： 不同
刘鹏6.jpg： 不同
外国人.jpg： 不同
张真.jpg： 相同
>>> 
```

图 13-6　人脸识别结果

3. 咱们聊聊天

现在，我们来跟机器人聊聊天！
请输入以下程序。

```
# 导入需要的程序包
import requests
import json
import os

# 设计一个聊天函数，输入一句你的话，它会给出对应的回答
def talk(info):
    key ='54f0203120404a60979f8966023311a8'
                            # 这里的 key 是从图灵机器人官网免费申请的
    api ='http://www.tuling123.com/openapi/api?key='+key+'&info='+info
                            # 图灵聊天机器人的访问网址，连接上你输入的信息
    res = requests.get(api)                       # 获得机器人的回答
    dict_json = json.loads(res.text)              # 进行格式转换
    return (dict_json["text"])                    # 返回机器回答的文字

# 聊天的过程
while True:
    mine = input(' 我 ')                          # 输入我的话
    if mine ==' 再见 ':
        print(' 机器人：好了，我不和你聊了 ')
        break
    else:
        yours = talk(mine)       # 把我的话传给聊天函数，获取机器人的话
        print(' 机器人：'+yours)
```

这个聊天软件的运行效果如图 13-7 所示，是不是很好玩？

```
我：你好！
机器人：默默飘过来~
我：你叫什么名字？
机器人：我就是颜值爆表的图灵机器人。
我：你多大了？
机器人：我9了，虽然岁月不会给我留下皱纹，但是会留下点灰。
我：你知道洛天依吗？
机器人：洛天依是以Yamaha公司的VOCALOID3语音合成引擎为基础制作的全世界第一款VOCALOID中文声库和虚拟形象。
我：你在哪里？
机器人：我在北京呢，一个来了就不想走的城市。
我：北京明天天气怎么样？
机器人：北京:周一,多云 东北风微风,最低气温3度，最高气温10度
```

图 13-7　与机器人对话结果

请把几个鸡蛋画上笑脸，拍张照片，看看人工智能能不能从照片中找到人脸？